（宋）蘇轍 撰　傅增湘 校

傅增湘校本欒城集

第九册

國家圖書館出

第九册目録

卷三十七　右司諫論時事一十五首

乞責降吕和卿狀……一
乞兄子邁罷德興尉狀……三
再乞罪吕惠卿狀……四
論蘭州等地狀……七
論青苗狀……一五
三論差役事狀……一六
論吕惠卿第三狀……一九
再論蘭州等地狀……二一
論京畿保甲冬教等事狀……二五
論西邊警備狀……二七
再論青苗狀……二九
乞放市易欠錢狀……三一
言淮南水潦狀……三六
乞罷杜紘右司郎中狀……三七
論差除監司不當狀……三九

卷三十八　右司諫論時事一十七首

三乞罷青苗狀……四三
再言杜紘狀……四六
言張璪劄子……四七
請罷右職縣尉劄子……五〇
論張頡劄子……五一
再言張頡狀……五五
論户部乞收諸路帳狀……五六
言張頡第三狀……六一
言責降官不當帶觀察團練狀……六二
言張頡第四狀……六三
論傅堯俞等奏狀謂司馬光爲司
馬相公狀……六五
言張頡第五狀……六七

申三省論張頡狀……七四
再論京西水櫃狀……七五
乞復選人選限狀……七七
論諸路役法候齊足施行狀……七八
申三省請罷青苗狀……八一

卷三十九　中書舍人論時事三首

論梁惟簡除遥郡刺史不當狀……八五
不撰葉康直知秦州告狀……八七
申本省論處置川茶未當狀……八九
户部侍郎論時事十首
因旱乞許群臣面對言事劄子……九三
乞推恩故知陳州鮮于侁子孫狀……九五
乞外任劄子……九七
乞驗實賈易謝上表所言劄子……九八
論陰雪劄子……九八
轉對狀……一〇二
請户部復三司諸案劄子……一〇七
論西事狀……一一三
論開孫村河劄子……一二五
再論回河劄子……一三三

卷四十　户部侍郎論時事四首

三論回河劄子……一三九
乞裁損浮費劄子……一四二
論侯偁少欠酒課以抵當子
　利充填劄子……一四五
再論裁損浮費劄子……一四七
翰林學士論時事八首
論黄河必非東决劄子……一四九
乞罷修河司劄子……一五三
北使還論北邊事劄子五道
一論北朝所見於朝廷不便事……一五九
二論北朝政事大略……一六二

三乞罷人從内親從官……一六六
四乞隨行差常用大車……一六七
五乞立差馬及馳日限……一六八
爲旱乞罷五月朔朝會劄子……一六九

卷四十一　御史中丞論時事一十二首
乞舉御史劄子……一七一
薦呂陶吴安詩劄子……一七三
乞罷熙河修質孤勝如等寨劄子……一七四
薦林豫劄子……一七九
乞分别邪正劄子……一八〇
論執政生事劄子……一八四
論言事不當乞明行黜降劄子……一八六
再論熙河邊事劄子……一八八
再論分别邪正劄子……一九七
再論舉臺官劄子……二〇五
三論熙河邊事劄子……二〇六
三論分别邪正劄子……二〇九

欒城集卷之三十七

宋眉山蘇轍子由著　明東吳王執禮子敬　顧天敘禮初仝校

右司諫論時事一十五首

乞責降吕和卿狀　二十八日

右臣竊見唐命尚書郎常選用文行政事之臣以分總庶務　神宗皇帝始復唐室舊制其於用人最號重慎今　陛下臨御一新庶政朝多清流貪殘之人不當復寘省闥謹按金部員外郎吕和卿本惠卿之弟而章惇所薦和卿始以奏補入仕賦性愚騃方其

歷任未成考第而悖稱其所至有聲當時士人無不竊笑其後與
惠卿共建手實簿法惠卿方任執政使和卿上言而惠卿力行之
其法以根括民產不遺毫髮為本以獎用憸險許令告訐為要估
計家財下至椽瓦抄劄畜產不遺雞豚天下騷然如被兵火紙筆
踴貴鞭笞恣行然其為術迂疏卒不能得民腰領　先帝知其不
可遽寢不行近日蹇周輔以賣鹽得罪吳居厚以榷鐵蒙責呂嘉
問以市易被逐宋用臣以導洛遠徙至於蹇序辰郟亶之流一星
其間皆不逃譴而和卿首為簿法害民之多過於鹽鐵等事獨安
然不問竊據郎曹貿之公議實失邦憲兼和卿頃任考功日其兄

溫卿任秦鳳提刑明知添支米麥不許割移他處和卿私利西邊軍食價高割就溫卿本任作弟姪名字請領虧損邊計以益其私盜其兄弟貪冒無恥從來如此雖事在　赦前而竊據清要公議不允伏乞　朝廷重行黜責使清濁稍分以警在位謹錄奏聞伏候　勑旨

乞兒子適罷德興尉狀　六月三日

右臣五月十九日奏論資政殿大學士呂惠卿姦險蠹國殘虐害民乞行竄殛二十九日奏論金部員外郎呂和卿貪猥不才塵玷省闥乞行降黜緣知饒州呂溫卿係惠卿親弟而和卿親兄臣有

兄子遠見任饒州德興縣尉竊慮溫卿挾恨別有摺拾勘會遹今任將及兩考欲乞　朝廷體察特許令候兩考滿日放罷赴吏部別受差遣謹錄奏聞伏候　勅旨

再乞罪吕惠卿狀　八日

右臣聞以堯爲君而舜爲之繼四凶之惡不得而容以武王爲父而成王爲子管蔡之罪不得而赦何者凶德貫盈邪黨蕃熾用之足以營惑當世存之足以遺患將來是以聖人下爲百姓遠慮然爲子孫深憂逐而去之靡有疑志今　皇帝陛下富於春秋諒陰不言　太皇太后陛下委任羣臣政出房闥而存養元惡隱忍不

誅人知後患懼者甚衆臣近曾奏論呂惠卿賦性凶邪罪惡山積自熙寧以來所爲青苗助役市易保甲簿法皆出於惠卿之手至於輕用甲兵興造大獄凡害民蠹國之事皆惠卿發其端故近歲姦邪惠卿稱首臣於前奏論之稍悉然至今多日未見施行竊惟

朝廷近日掃除羣慝如吳居厚蹇周輔呂嘉問宋用臣等皆以一事誤朝即加流竄今惠卿兼有衆惡自知罪大託疾求閑而

朝廷因亦不問臣恐國之政刑從此大廢今中外士大夫見惠卿獨得不誅皆謂言事之官有畏強凌弱之心執政大臣有吐剛茹柔之意　朝廷用法不平掇拾蜂蠆脫遺鯨鯢貽患後人取笑千

古因此羣惡小醜已得罪者亦皆不伏伏惟　二聖臨御至公雖
天地至明如日月其於用法不應如此臣愚竊料　聖意必謂方
今弊事略除羣枉消退惠卿旣傾宫觀不足復誅故稍加闊略以
安反側臣退復思慮終謂不然惠卿姦人之雄用意不淺無病而
去有伺隙之心使之一旦復攝尺寸之柄必致天下之患若不及
時放棄深折姦謀臣恐　朝廷未得安枕而臥也伏乞檢臣前奏
付外施行竢元惡已除然後洗滌瑕玭以安中外不爲晚也臣不
勝憂國愛君之切不顧死亡以犯凶人陛下裁幸謹錄奏聞伏候
勅旨

論蘭州等地狀

右臣竊見先帝因夏國內亂用兵攻討於熙河路增置蘭州於鄜延路增置安疆米脂等五寨議者講求利害久而不決其一曰蘭州五寨所在嶮遠饋運不便若竭力固守坐困中國羌人得以養勇窺伺間隙要之久遠不得不棄危而後棄不如方今無事舉而與之猶足以示國恩惠其二曰此地皆西邊要害朝廷用兵費財僅而得之聚兵積粟爲金湯之固蘭州下臨黃河當西戎咽喉之地土多衍沃畧置堡鄣可以招募弓箭手爲耕戰之備自開拓以來平治徑路皆通行大兵若舉而棄之熙河必有晝閉之警所謂

借兵資盜糧其勢必爲後患此二議者臣聞之久矣然以夏戎背畔雖屢有信使而未修臣職未請侵地則棄守之議朝廷無因自發今聞遣使來賀登極歸未出境而使者復至講和請地必在茲舉雖廟堂議論已得詳熟而小臣憂國不能嘿已輒嘗竊實其事以爲前件棄守之議皆非妄言然而朝廷當決從一議欲決此議當論時之可否理之曲直算之多寡誠使三者得失皆見於前則棄守之議可一言而決也何謂時之可否方今皇帝陛下富於春秋諒闇不言恭黙思道太皇太后陛下覽政簾幃之中舉天下事屬之輔相當此之時安靖則有餘舉動則不足利在綏撫不利

征伐今若固守不與西戎必至於爭甲兵一起呼吸生變緩急之際何所咨決况陝西河東兩路比遭用兵之厄民力困匱瘡痍未復一聞兵事無不狠顧若使外患不解內變必相因而起此所謂時可棄而不可守一也何謂理之曲直西戎近歲於朝廷本無大罪雖梁氏廢放其子而夷狄外臣本不須治以中國之法先朝必欲弔伐但誅其罪人存立孤弱則雖犬羊之羣猶將伏以聽命今乃割其土地作爲城池以自封殖雖吾中國之人猶知其爲稱而不知其義也曲直之辨不言可見葢古之論兵者以直爲壯以曲爲老昔仁祖之世元昊叛命連年入寇邊臣失律敗亡相繼然而

四方士民裹糧奔命唯恐在後雖捐骨中野不以爲怨兵民競勸邊守卒固而中國徐亦自定無土崩之勢何者知曲在元昊而用兵之禍朝廷之所不得已也頃自出師西討雖一勝一負而計其所亡失未若康定寶元之多也然而邊人憤怨天下咨嗟土崩之憂企足可待何者知曲在朝廷非不得已之兵也今若固守侵地惜而不與負不直之謗而使關右子弟肝腦塗地臣恐邊人自此有怨叛之志此所謂理可棄而不可守二也何謂算之多寡棄守之議朝廷若舉而行之其勢必有幸有不幸然臣今所論於守則言其幸於棄則言其不幸以効利害之實今夫固守蘭州增築堡

寨招置土兵方其未成而西戎不順求助北虜並出爲寇屯戍日益飛輓不繼賊兵乘勝師喪國蹙蘭州不守熙河危急此守之不幸者也割棄蘭州專守熙河倉庾有素兵馬有備戎人懷惠不復作過此棄之幸者也二者臣皆不復言何者利害不待言而決也若夫固守蘭州增築堡寨招置土兵且耕且戰西戎懷怨未能忘爭特出虜畧勝負相半耕者不安餽運難繼耗蠹中國民不得休息此守之幸者也割棄蘭州專守熙河西戎據蘭州之堅城道熙河之夷路我師不利復以秦鳳爲境修完廢壘復置烽候人力既勞費亦不小此棄之不幸者也夫守之雖幸然兵難一交仇怨不

解屯兵饋糧無有休日熙河因此物價翔貴見今守而不戰歲費已三百餘萬貫矣戰若不止戎兵必倍糧草衣賜隨亦增廣民力不支則土崩之禍或不可測也棄之雖不幸然所棄本界外無用之城秦鳳之間兵民習熟近而易守轉輸所至如枕席之上比之熙蘭難易十倍有守邊之勞而無腹心之患與平日無異也夫以守之幸較棄之不幸利害如此而况守未必幸而棄未必不幸乎且朝廷以天地之量赦其罪惡歸其侵疆復其歲賜通其和市雖豺狼野心能不愧恥縱使酋豪內懷不順而國恩深厚無以激怒其民臣料一二年間其勢必未能舉動萬一不然而使中國之士

知朝廷棄已得之地含垢爲民西戎背恩彼曲我直人懷此心勇
氣自倍以攻則取以守則固天地且猶順之而况於人乎故臣願
朝廷決計棄此然後愼擇名將以守熙河厚養屬國多置弓箭手
於熙蘭往還要路爲一大城度可屯二三千人以塞其入寇之道
於秦鳳以來多置番休之兵以爲熙河緩急救應之備明敕將佐
繕完守備常若寇至先爲不可勝以待敵之至庶幾可以無後患
也臣自聞西使復來謹采衆議以三事參較利害反覆詳究理無
可疑是以輒獻狂言惟陛下裁擇幸甚

樊圻集卷之三十

論青苗狀十四日

右臣伏以青苗之害民　朝廷之所悉也罷而不盡廢而復講使天下之人疑　朝廷眷眷於求利此臣之所深惜也向者　朝廷申明青苗之法使請者必以情願而官無定額議者以爲善矣然以臣觀之無知之民急於得錢而忘後患則雖情願之法有不能止也侵漁之吏利在給納而惡無事則雖無定額有不能禁也故自今年春諸縣所散青苗處處不同凡縣令曉事吏民畏伏者例不復散其闇於　情爲吏民所制者所散如舊蓋立法不善故使吏得依法爲姦監司雖知其不便欲禁而不可得天下既已病

之矣今　朝廷復修夏料納錢減卒出息之法此雖號減息而使天下曉然知今日　朝廷意仍在利雖有良縣令臣恐其不能復如前日自必於不散矣且自熙寧以來吏行青苗皆請重祿而行重法受賕百錢法至刺配然每至給納之際猶通行問遺不能盡禁今吏祿已除重法亦罷而青苗給納不止臣恐民間所請錢物得至其家者無幾矣伏乞追寢近降青苗指揮別下詔旨天下青苗自今後不復支散不勝幸甚謹錄奏聞伏候　勅旨

三論差役事狀　十七日

右臣五月二十六日上殿劄子乞明降詔書戒勅監司長吏使知

朝廷愛惜鄉差役人與　神宗朝愛惜雇募役人無異應係自
前約束官吏侵擾役人條貫使刑部録出具委無漏落雕印頒下
令一切如舊出牓州縣使民知之仍常加督察有犯不赦應監司
所部有犯不能覺察致因事發露者重其坐至今多日未蒙施行
伏念臣前作此奏爲聞近日諸縣曹吏有因差役致富小民被差
充役初參上下費錢有至一二十千者州縣官吏亦有以舊雇役
人慣熟多方陵虐所差之人必令出錢作情願雇募又有以新差
役人拙野退换别差必得慣熟如意而後止者天下官吏不能皆
良如此等事所在不一雖非目見可以意料民被其害如遭湯火

竊意此奏朝上聖心惻怛不待終日而行不意遷延至今不以爲
急臣愚竊恐朝廷治復差役議者妄謂差法一行更無患害聞臣
此奏未免不信臣謂改雇爲差實得當今救弊之要然使聞害不
除見善不徙則差役害人未必減於免役伏乞　聖慈檢臣前奏
早降詔書具言所聞差役官吏情弊仍備録前後禁約曉諭中外
使知　朝廷深意則天下幸甚謹録奏聞伏候　勅旨
貼黄臣訪聞近日頗有上書言差役不便蒙降付看詳役法所
者臣推原其意皆由州縣施行差法別有擾擾以致人言若不
早爲禁約深爲不便伏乞指揮於役法所檢取民間前後言差

役不便文字略賜省覽卽見諸實

論呂惠卿第三狀 二十日東西省同上

右臣等伏見近降　朝旨以臣僚上言呂惠卿罪惡責授惠卿中散大夫守光祿卿分司南京竊以執鯨鯢於漏網稍正邦刑蓄虎豹於近郊終貽後患謹按惠卿在熙寧中恣爲不義創立獘法上以詿誤　朝廷下以賊害海內詐窮力詘黜居藩郡猶復妄睎功賞輕用甲兵結怨西戎貽憂　先帝罪狀顯白已不容誅至於私行險詖人所不爲始與安石結刎頸之義終與王氏爲尋戈之讎忠信蔑然詭變難測今雖自知罪大不容於世然猶詐稱疾病潛

伺間隙譬如蝮虵猛獸雖蹔爾弭伏而凶性終在遇便卽發若不深爲圈檻投畀無人之境臣等恐其防閑稍緩竊出害人不然臣等豈不知降四官落一職爲分司官在於常人不爲輕典乎葢以堯之四凶魯之少正卯旣非常人不當復用常法治也況復皇帝陛下卽位之初明於赦書戒勅邊吏不得侵撓外界務要静守疆場是時惠卿任河東帥被遇先帝恩德最深自聞遺制略無哀慼日夜點集兵馬爲入界討蕩之計及其遷延未發恐爲虜所覺知遂令兵馬司借赦書不得侵擾之文曉諭將佐以欵賊計仍於四月十五日具奏上件事由於二十一日出界夫登極赦書國

之大信所以綏靖中國懷來四夷人臣奉行敢有輕議今惠卿公然違戾出師伐國而又借用其文設詐欺敵侮玩　朝廷殊無忌憚推其心則出於無君論其罪則入於大不敬積其前後所犯皆在不赦　朝廷縱欲貸而不誅只乞檢臣等前奏投之四裔以禦魑魅臣等與惠卿初無讐怨但以爲國去凶義不可已惟　陛下特賜裁斷謹錄奏聞伏候　勅旨

再論蘭州等地狀　七月七日

右臣近於六月二十八日奏以西使入界恐必有講和請地之議乞因此時舉蘭州及安疆米脂等五寨地棄而與之安邊息民爲

社稷之計見今西使已到竊聞執政大臣棄守之論尚未堅決臣竊見　皇帝陛下登極以來夏國雖屢遣使而疆埸之事初不自言度其狡心蓋知　朝廷厭兵是以確然不請欲使此議發自朝廷得以爲重　朝廷深覺其意忍而不與情得勢窮始來請命今若又不許遣其來使徒手而歸一失此機必爲後悔彼若點集兵馬屯聚境上許之則畏兵而與不復爲恩不許則邊釁一開禍難無已間不容髮正有此時不可失也臣又聞昔日取蘭州及五寨地本非　先帝聖意先帝始議取靈武內臣李憲畏懦不敢前去遂以兵取蘭州　先帝始議取橫山帥臣沈括种諤之徒不能

遵奉　聖畧遂以兵取五寨此二者皆由將吏不職意欲邀功免罪而　先帝之意本則不然其後元豐六年夏國遣使請罪　先帝嘉其恭順爲勅邊吏禁止侵掠既又遣使謝恩請復疆土　先帝仍爲指揮保安軍與宥州議立疆界因循未定而　先帝掩棄萬國遂以至今議者不深究本末妄立堅守之議苟避棄地之名不度民力不爲國計其意止欲私已自便非社稷之利也臣又聞議者或謂棄守皆不免用兵棄則用兵必遲守則用兵必速遲速之間利害不遠若遂以地與之恐非得計臣聞聖人應變之機正在遲速之際但使事變稍緩則吾得筭已多昔漢文景之世吳王

濞內懷不軌稱病不朝積才養士謀亂天下文帝專務含養寬而不問加賜几杖恩禮日隆濞雖包藏禍心而仁澤浸漬終不能發及景帝用鼂錯之謀欲因其有罪削其郡縣以爲削之亦反不削亦反削之則反疾而禍小不削則反遲而禍大削書一下七國盡反至使景帝發天下之兵遣三十六將僅而破之議者若不究利害之淺深較禍福之輕重則文帝隱忍不決近於柔仁景帝剛斷必行近於強毅然而如文帝之計禍發既遲可以徐爲備禦稍經歲月變故自生以漸制之勢無不可雖有十濞亦何能爲如景帝之計禍發既速未及旋踵已至交兵鋒刃既接勝負難保社稷之

命決於一日雖食晁錯之肉何益於事今者欲棄之策與文帝同而欲守之謀與景帝類臣　執政欲棄者理直而禍緩欲守者理曲而禍速曲直遲速孰爲利害況今日之事　主上妙年母后聽斷將帥吏士恩情未接兵交之日誰使效命若其羽書沓至勝負紛然臨機決斷誰任其責惟乞聖慈以此反覆深慮早賜裁斷無使西戎別致猖狂棄守之議皆不得其便則天下幸甚謹錄奏聞伏候勅旨

論京畿保甲冬教等事狀　七月九日

右臣竊見　仁宗朝河北河東初置義勇至　英宗朝推行其法

漸及陝西皆以地接胡羌有守禦之備每歲冬教一月民雖以為
勞而邊防之計有不得已及熙寧中更置保甲使京畿三路之民
日夜教習　二聖臨御知其不便率皆罷去民得歸秉耒耜盜賊
因此衰息歌舞　聖德無有窮已惟有冬教一月之法三路以被
邊之故民習為常不敢辭憩至於京畿諸縣累聖以來為輦轂所
在素加優厚今乃與三路邊郡為比一例冬教情所未安伏乞
聖慈深念根本之地所宜寬卹特與蠲免兼訪聞京畿三路見今
皆修葺東教場屋宇州縣頗以為勞臣昔守官河北竊見義勇冬
教並不置教場屋宇每遇教日皆權於係官屋宇及寺院等處安

洎別無闕事　朝廷若允臣所奏免纔罔冬教則其教場屋宇已自不修如三路冬教乞下逐路監司相度只如目前權於係官屋宇及寺院等處安泊有無不便如別無不便亦乞罷修以寬民力謹錄奏聞伏候　勅旨

論西邊警備狀　七月十九日

右臣近奏乞因夏國遣使入貢歸其侵地竊聞　朝廷已降詔開許伏惟包荒之德與天地同量使西邊之人自此得免饋餉之勞脫戰鬬之禍天下不勝幸甚然臣聞兵法受降如受敵夷狄獸心見利忘義雖以恩信深加結納而備豫不虞不可暫弛况　朝廷

數年以來舉兵攻討深入其地奪其疆土今雖接以恩禮其怨毒之意必未遽忘若因給賜城寨立界至之際乘我無備輒肆猖狂則取笑四夷悔不可及謂宜明加約束所賜城寨須候逐路帥臣處置般運器甲抽那兵馬凡百了當立定期日然後得令人交割若未了之間不得令一人一騎先期窺覘仍指揮沿邊將吏常加嚴備因夏國新復侵地謹守誓約之際招塡士馬充實倉廩綏懷熟戶常若寇至不得爲其通和稍有弛廢如此數年　朝廷常務懷柔以華其欲報之心邊臣常作隄防以折其內侮之志臣謂數年之外必無後患縱使背畔而邊計已完士氣已復度其事勢亦

不足深憂況背恩犯順彼曲我直雖復羌人亦當知非足使吾民坐而賈勇制勝之道始自今日惟願　陛下深詔大臣安不忘危常以戒勑邊吏爲心則社稷之福也謹錄奏聞伏候　勑旨

再論青苗狀　二十四日

右臣近奏乞罷支青苗錢兼訪聞臺諫官皆有文字論列至今並不蒙降出施行臣伏見熙寧之初王安石呂惠卿用事首建青苗之法其實放債取利而妄引周官泉府之言以文飾其事天下公議共以爲非是時韓琦富弼司馬光范鎮等皆昌言其失恨不能救今　二聖在上照知民間疾苦解去弊法既已略盡兼近日青

降呂惠卿數其罪惡亦以創行青苗爲首然天下俵散青苗其實至今未止民間疑怪以爲朝廷仍有好利之意臣博采衆論云近日有臣僚獻議以國用不足爲言由此　聖意遲遲未決臣雖至愚竊爲　陛下深惜此計何者自右爲國率皆祿養官吏廩給士伍崇奉郊廟鎭撫四夷然而食租衣稅未嘗有闕今　陛下力行恭儉前代帝王所有浮費一切不爲今日之計但當戒敕天下守令使之安集小民若能稍免水旱之災復無流亡之患則安靖之功數年自見穀帛豐羨將不可勝用何至復行青苗以與民爭利也哉伏惟　陛下聖性仁厚凡利民之事知無不爲若非左右搆

此危語動搖　聖聽則何至爲之廢格羣言以成邪說然臣竊恐中外不知本末但見臺諫之言皆由中不出妄意　陛下甘於求利不邺細民遠近傳聞所損不細臣欲乞　陛下盡將臣僚前後所上章疏付三省詳議施行以弭斯謗謹錄奏聞伏候　勅旨

乞放市易欠錢狀　二十七日

右臣頃曾上言乞將市易欠錢人戶通計所納息罰錢數如已納及元請官本數目即與除放蒙　聖恩依此施行德澤滂霈所及甚廣然臣訪聞京師欠戶貧下之家從初多作詭名請新還舊以此無緣通計息罰故除放之恩多止上戶臣近日再行體問據通

直郎監在京市易務宋肇爲臣言若截自欠二百貫以下人户一例除放則所放人户至多事亦均一仍具本務一宗節目及利害文字請臣詳奏臣詳究其說竊以爲當行之事有五市易本錢前後諸處撥到共計一千二百二十六萬餘貫中間撥還內藏庫等處共計五百三十萬餘貫　朝廷支使過共計三百八十四萬餘貫即今諸場務見在共計三百五十三萬餘貫將此三項已支見在計筭已是還足本錢則今來人户所欠皆出於利息若將見欠二百貫以下人户除放所放錢數不多此事之當行者一也見今欠人共計二萬七千一百五十五户共欠錢二百三十七萬餘貫

其間大姓三十五酒戸二十七共欠錢一百五十四萬餘貫小姓二萬七千九十三戸共欠錢八十三萬餘貫若將欠二百貫以下八戸除放共放二萬五千三百五十三戸放錢四十六萬六千二百餘貫所放八戸九分以上而所放錢正及二分此事之當行者二也元豐年中　朝廷催理欠負極爲峻急然一歲所納不過三萬貫頃來　朝廷優假細民所催微細自今年正月至今止及六七千貫今日以三萬貫爲率猶須七十餘年乃可納足如此則小姓之家死喪流亡不可復知而國家每歲得失六千貫　臣所乞放二百貫以下欠戸錢數於見欠錢都數中止十分之二卽是　如九牛一毛不每歲催及三萬貫數中不過催得六千貫而已

爲損益而二萬餘家困苦爲害至大此事之當行者三也市易催
索錢物凡用七十人每人各置私名不下十人掌簿籍行文書凡
亢三十餘人每人各置貼寫不下五人共約一千餘人以此一千
餘人日夜騷擾欠戶二萬七千餘家都城之中養此蠹賊恬而不
怪此事之當行者四也市易之法欠戶拖延日久或未見歸著及
無家業之人皆差人監逐遇夜寄禁旣有此法則一例公行寄禁
然吏卒頑狡得錢卽放無錢卽禁榜笞捽縛何所不至若不別作
擘劃則日被此苦者不知其數此事之當行者五也伏乞　聖慈
以此五事較其利害斷自聖意特與除放或因將來明堂赦書行

下或更溥行諸路則細民荷戴恩德淪入骨髓社稷之利不可勝
計然臣竊見太府寺令歲終較課以本理息及一分以上具官員
等第保明聞　易官因此酬獎轉官及請賞皆所得無筭
今來旣見市易巳支見在實數僅能還足本錢則以本理息皆是
欺罔從前官吏轉官請賞皆當追奪官爵及所賞錢物亦乞　朝
廷根究前後緣市易轉官請賞之人依理施行內有呂嘉問係創
行市易害民最深雖巳經責降尙竊有土未允公議更乞重行竄
謫以謝天下所有宋鑒劄子三道臣輙備錄進呈如左謹錄奏聞
伏候　勅旨

貼黃臣所言放欠事上係　二聖德澤唯當直出中旨不宜更

顯言者姓名或須至令三省相度施行即乞指揮執政勿令宜

布

言淮南水潦狀　三十九月

右臣竊見淮南春夏大旱民間乏食流徙道路　朝廷哀愍饑饉

發常平義倉及截留上供米以濟其急淮南之民上賴　聖澤不

至飢殍然自六月大雨淮水泛溢泗宿亳三州大水夏田饒已不

收秋田亦復蕩盡前望來年夏麥日月尚遠勢不相接深可憂慮

訪聞見今官賣米猶有未盡然必不能支持久遠臣欲乞　朝廷

及今未至闕絕之際速行取問本路提轄發運司令具諸州灾傷
輕重次第見今逐州各有多少糧食可以賑濟得多少月日如將
求之絕合如何擘劃施行立限供報所貴　朝廷得以預先處置
小民不至失所謹錄奏聞伏候　勅旨

乞罷杜紘右司郎中狀　八月一日

右臣伏見近除刑部郎中杜紘為右司郎中命下之日中外疑惑
蓋以　朝廷用人必分流品清濁尚書左右司郎官總督十二司
之事至其遷擢高者多為左右史下者猶為直閣修撰領三路都
漕發運使不二年即為侍從自非清望正人不與此選謹按杜

紘人品凡近不知經術止以誦習法律進身自熙寧元豐以來爲刑部官諂事宰相王安石王珪蔡確以下脂韋便佞無不得其懽心雖杜純親弟而純以直進紘以諂聞兄弟異心衆所共悉初修熙寧編勅紘與其議害民之法皆經其手今復爲詳定官舊筆改更非笑前書略無愧恥翻覆隨時一至如此兼與楊汲崔台符共事歲月甚久大理寺所勘探報過公事事干官員皆刑部下法朝廷近以所斷多有枉濫差官理雪凡所平反十至七八汲台符旣以官長被罪如紘等輩皆其屬官　朝廷雖闊畧不問至於非次擢用豈宜遽以及紘竊恐賞罰失當使天下不服而汲台符亦

得以爲詞爲損不細或言紘近日押伴西人　朝廷授以指蹤何紘與西人商量事得了當右司之命葢以爲賞臣以爲此有司常事不足以爲功況爲官擇人當以流品爲急若以右司爲賞恐非孔子不以名器假人之義伏乞追回前命以厭公議謹錄奏聞伏候　勅旨

論差除監司不當狀　八月二日

右臣伏以天下之治寄於守令守令之衆　朝廷不能盡知其要寄於監司方今民力凋殘疲瘵未復見議差役措置未定正宜使監司得人以督察州縣　朝廷近日沙汰殘刻之吏多係提轉等

官民間承望此風思見循吏然臣竊觀近日所命頗未得人樽采
公言略見一二如李之紀楚潛王公儀皆碌碌凡材無善可名不
知何以獲用至於餘人又加以過惡如孫路奴事李憲貪冒無恥
程高諂附賈青借名買珠鍾浚天資邪嶮累作過犯張公庠爲吏
刻薄不近人情張璹久領市易與牙儈雜進而皆擢自稠人之中
付以一道之政　陛下誠欲尊重　朝廷愛惜民物則如此輩人
皆未可輕用也或言　朝廷近令侍從以上博舉監司名姓既聞
率皆注籍每有員闕執政不復慎選一切揭簿定差是以賢愚並
進人物雜亂竊惟中外侍從其徒實煩被詔舉官初無旌別承舉

即用近於麄疏而欲待其不職乃坐舉者天下之廣監司得失

朝廷未必一一詳知民獨何辜枉被塗炭自古用人實無此比臣

欲乞應自前所用監司令執政更加審議其尤不可者當與改差

今後差除須名迹著聞公議共許然後擢用庶幾監司稍得良吏

不至害民此最當今之急務也謹錄奏聞伏候　勑旨

欒城集卷之三十七終

欒城集卷之三十八

宋眉山蘇轍子由著　　明東吳王執禮子敬　顧天敘禮初　仝校

右司諫論時事一十七首

三乞罷青苗狀　初四日與東省同上

右臣等屢有封事乞罷青苗皆不蒙付外施行伏以王安石呂惠卿創行此法以來天下之士惟王呂黨人欲以青苗進身者則以其法爲是其他士大夫上自韓琦富弼中至司馬光呂誨范鎮下至臣等輩人未有一人以爲便者方安石惠卿用事忠言壅塞不

得施用小民無告飲泣受害今者二聖臨御盡革衆弊天下欣欣日望青苗之去而近日刪立舊法㑹更滋彰中外狐疑不曉聖意竊聞近日左右臣僚有以國用不足欲將青苗補其闕之者聖心未察是以爲之遲遲臣等雖愚以爲自古爲國止於食租衣稅縱有不足不過輔以茶鹽日稅之征未聞復用青苗放債取利與民爭錐刀之末以富國強兵者也　藝祖太宗之世四方未平中國至狹歲歲用兵其費不貲及　眞宗東封西祀遊幸亳宋造立宮室　仁宗結好契丹平定西戎剪滅南寇此皆非常大費而常賦之外無大增加未聞必待青苗以濟國用今二聖恭儉安靜無爲

四海之富與　祖宗無異何憂何慮而欲以青苗富國乎臣等以爲　皇帝陛下富於春秋未嘗接見多士　太皇太后陛下覽政帷幄未能博聽羣議聽納之道於斯實難竊謂臣下每有獻言宜一切折以公議彼既欲散青苗而臣等以爲不可　陛下受其所言而臣等封事遂留中不出臣等不知陛下何以斷其是非而信之如此之篤乎　陛下必欲決此深疑卽當盡出臺諫所言付之三省使之公議得失不當隱忍不辯是非而陰用其言也如衆議必以罷之爲是卽乞早賜裁斷以慰民心必以罷之爲非亦乞顯行黜譴以懲臣等狂瞽謹錄奏聞伏候勑旨

再言杜紘狀 初七日

右臣近奏言杜紘除右司郎中不當不蒙采納伏以紘文法俗吏才不過人昔以誦習條貫偶爲法官天資邪佞能諂事宰相遂復致身刑部朝廷必欲量才授官已爲過分今一旦擢爲右司中外驚嘆若止以人才猥下事無實狀臣亦未敢干瀆朝廷紘昔在熙寧年中手編害人之法今復爲詳定親改其書俯仰隨時略不知愧頃與楊汲崔台符同在刑部所斷刑獄寃枉過半汲台符以此得罪而紘以此擢用同罪異罰十目所指至公之朝不宜有此臣以爲事干朝廷大體職在言責不敢不言今蒙置而不用竊料紘

必有以自結大臣致誤此舉不然 陛下何取於紘而擢任至此哉臣竊聞廟堂之論以謂二十年來失於養才臨事而求每有無人之嘆如左右司吏戶禮郎官左右史臺諫官皆用人之津梁侍從近臣之所從出若已踐此途而不致之淸要則養才之地竟當安在若非其人而遂用之數年之後使杜紘爲侍從則是更得一崔台符豈不爲天下笑哉伏乞稍取衆議追寢前命謹錄奏聞伏候敕旨

言張璪劄子 八日上殿

臣六月中與王覿上殿言張璪非次進用文及韓宗師欲以深結

文彥博韓維爲自安之計璪天資邪佞列位丞弼朝夕出入左右易以爲姦宜斷自聖心以時除去㤗聖明洞鑒德音宣諭但以璪久經任使欲因其求退去之以禮此經兩月璪覺聖意稍緩遂端然據位不復自請臣竊惟璪性極巧佞遇事圓轉難得心腹昔王安石呂惠卿首加擢用被以卵翼之恩收其鷹犬之効與章惇等並結爲死黨熙寧弊法皆璪等所共成就今　二聖在上因民所欲降黜羣邪變革衆弊清淨之風日月滋長獨璪仍在重位與聞大政不惟正人所共側目而璪之私意亦自不安但以同列鉏頏邪之助臺諫有彈擊之請是以見今且自斂戢未敢爲非慶其中

心未嘗一日無窺伺之邪謀忘王呂之故黨也譬如蛇蠍遇寒而蟄盜賊逢晝而止及春陽發動莫夜陰闇故態復作誰敢保任陛下不可見其進退恭順言詞柔利而遂以爲可用也如瑑深心厚貌何所不至但使　陛下君臣防閑少懈瑑略能援引一二邪人寘之要地則變故之出殆不可知矣況今新舊之政更張未定邪正之黨相持未決正是姦臣用智伺便竊發之時天下有識見瑑任事誰不危懼如江河決溢初復故道惟日夜牢固隄防乃免於患若少有蛇鼠穿漏或能復奪河身況瑑方爲執政乘釁而動其害必深臣聞瑑意欲候過明堂大禮求出補外惟　陛下爲社

穆計順中外人心早從其請天下幸甚取進止

請罷右職縣尉劄子　八日上殿

臣伏見舊法縣尉皆用選人自近歲民貧多盜言事者不知救之於本遂請重法地分縣尉並用武夫自改法以來未聞盜賊爲之衰少而武夫貪暴不畏條法使魚弓手先失爪牙之心搔擾鄉村復爲人民之患臣竊惟捕盜之術要在先得弓手之情次獲鄉村之助耳目旣廣網羅先具稍知方略易以成功舊用選人雖未能一一如此而頗知畏法則必愛人使之出入民間於勢爲便不必親習騎射躬自格鬬然後能獲賊也今改用武夫未必皆敢入賊

而不習法律先已擾民訪聞河北京東淮南等路凡用武夫縣分民甚患之欲乞復令吏部依舊只差選人所貴吏民相安不至驚擾取進止

論張頡劄子　八日上殿

臣竊見知廣州張頡自直龍圖閣擢爲戶部侍郎除目一下中外驚疑謹按頡猜嶮邪佞狡愎闇刻具此八德了無一長臣非敢風聞臆度謹具實狀如左

一頡爲廣南運使日朝旨那移兵馬就食全永經略使趙卨爲見順州戍兵年滿合替遂差兵戍順州却令順州替兵就食

全永萌任知出納之吝恐往來戍兵糜費錢糧一日之間四
次移牒故作行遣申奏趙禼不肯移兵又奏禼閙添昭州雇
夫錢六萬貫又奏禼違法差衙前朝旨令禼分析乃是頔判
狀令差禼會具元判狀繳奏其餘所奏更無一事稍實因此
挾恨遷怒詬詈桂州官吏作緑衫下包个奴婢名呼趙禼仍
駡作賊提舉官劉誼會具事由聞奏有旨罷轉運使
一頔爲轉運使日有安南般糧夫數千人逃還已經曲赦放罪
每人只有欠官米錢七百後來頔欲差人往全州般糧遂召
陽朔縣令魏九言臨桂縣令李譯勒令差兩縣逃亡夫往全

州般糧仍令九言取本縣百姓莫飯奴等七人狀云所欠官錢七百情願往全州般糧塡還其七人中又有三人不係逃亡只取到四人情願狀便差數千人況欠錢止於七百而全州水路二十餘程豈有情願之理因此溺殺人不少致人戶經提舉司過狀亦是劉謹具事由聞奏方始住差

一頡爲桂州經略使日有安化州首領以本族饑饉依久例借糧於宜州頡指揮宜州不借一粒致夷人作過於省界偷牛因此夷漢互讎殺頡更無方略直令宜州興兵討之致本州兵官陷沒頡遂發數千人令供備庫副使費萬往討之全軍

皆沒頡又遣路分都監王奇知宜州仍以數千人入討全軍
復沒事聞朝廷先帝爲之旰食遣謝麟將數萬人費百餘萬
貫竟以招降而定頡既措置乖方致陷兩將兵馬而費萬王
奇之死又不以實奏因轉運使馬默等論列朝旨差賓州推
官朱恂取勘因此落職奪官知均州

右臣所論三事皆有文案可以覆驗據頡處事乖剌致寇覆軍與
沈起劉彝同罪理合誅竄所以累次常獲寬宥者蓋其家素富本
以行賂得進鄉近辰錦多蓄奇砂嘗以獻遺前宰相王珪珪每出
示親客云此砂張頡所獻以此曲爲蓋芘今來縱未黜廢豈可特

膺非次擢用兼臣訪聞三省執政本不知其人失於採聽爲薦者所誤若置之户部必害民物伏乞追寢前命以厭公議取進止

再言張頡狀十一日

右臣近言張頡除户部侍郎不允公議具陳頡頃在廣南用心陰嶮措置乖剌三事乞追還告命未施行間臣又訪聞頡昔知荆南所爲貪虐提舉官張璪按發七事内一事頡下行買烏頭行人蔣三供納烏頭頡凡三四次退换蔣三揣頡意欲要附子遂買附子作烏頭供納頡方肯納下縁烏頭附子色額不同價例亦别此一事係贓罪又一事勒部下玉泉寺僧修治諸官園亭費用常住入

牛錢物不少以修唐僧齊巳草堂爲名令頡鄉僧居止其中此一事係私罪琥奏既上前宰相王珪等爲與頡私有情分遂移頡差遣而以越職劾琥特行衝替頡當時若無上件贓私忝爲士人理須訢雪頡曾不敢以一字自明受移而去則其罪狀顯然無疑臣博采衆言近日差除例皆不當至於張頡尤失人望虧損朝政深可歎惜是以不避再煩聖聽伏乞將臣此奏與前來劄子同下三省詳議罷頡前命謹錄奏聞伏候敕旨

論戶部乞收諸路帳狀

准尚書戶部牒元祐元年七月二十五日敕節文一府界諸路州

軍錢穀文帳舊申三司昨撥歸逐路轉運提刑司點磨歲終刑部
尚書點取勾訖帳勘覆今上件諸州軍錢穀文帳欲收歸戶部點
磨一府界諸路州軍常平等錢穀文帳舊申司農寺昨撥歸逐路
提舉司點磨戶部右曹歲取提舉司勾訖帳赴部點磨今上件諸
州軍錢穀文帳欲收歸戶部點磨者

右臣竊聞熙寧以前天下財賦文帳皆以時上於三司至熙寧
五年朝廷患其繁冗始命會布删定法式布因上言三部胥吏
所行職事非一不得專意點磨文帳近歲因循不復省閱乞於
三司選吏二百人顓置一司委以驅磨是時朝廷因布之言於

三司取天下所上帳籍視之至有到省三二十年不發其封者蓋州郡所發文帳隨帳皆有賄賂各有常數巳足者皆不發封一有不足卽百端問難要足而後巳朝廷以爲信帳司之興蓋始於此張設官吏費用錢物至元豐三年首尾七八年間帳司所管吏僅六百人用錢三十九萬貫而所磨出失陷錢止一萬餘貫朝廷知其無益遂罷帳司而使州郡應申省帳皆申轉運司內錢帛糧草酒麴商稅房園夏秋稅管額納畢鹽帳水脚鑄錢物料稻糯帳本司別造計帳申省其驛料作院欠負修造竹木雜物舟船柴炭修河物料施利橋船物料車驢草料等

帳勘勾訖架閣蓋謂錢帛等帳三司總領國計須知其多少虛
實故帳雖歸轉運司而又令别造計帳申省至於驛料等帳非
三司國計虛羸所系故止令磨勘架閣又諸路轉運司與本部
州軍地理不遠取索文字近而易得兼本道文帳數目不多易
以詳悉自是外内簡便頗稱允當今戶部所請收天下諸帳臣
未委為收錢帛等帳耶為并收驛料等帳耶若盡收諸帳為依
熙寧以前不置帳司不添吏人耶為依熙寧以來復置帳司復
添吏人耶若依熙寧以前則三二十年不發封之弊行當復見
若依熙寧以來則用吏六百人磨出失陷錢一萬餘貫而費錢

三十九萬貫之弊亦將伏見臣乞朝廷下戶部令子細分析聞
奏然臣竊詳司馬光元奏自改官制以來舊日三司所掌事務
散在六曹及諸寺監戶部不得總天下財賦帳籍不盡申戶部
戶部不能盡天下錢穀之數欲乞令戶部尚書兼領左右曹其
舊三司所管錢穀才用事有散在五曹及諸寺監者並乞收歸
戶部推其本意蓋欲使天下財用出納卷舒之柄一歸戶部而
戶部周知其數而已今戶部既已專領財用而元豐帳法轉運
司常以計帳申省不爲不知其數也雖更盡收諸帳亦徒益紛
紛無補於事矣臣謂帳法一切如舊甚便乞下三省公議然後

下戶部施行謹錄奏聞伏候敕旨

言張頡第三狀 十二日

右臣近四上章言用人不當並不蒙施行伏惟二聖垂拱帷幄之中以進退天下士付之宰相若用非其人知而不改何以服天下之口竊聞廟堂之議止謂世方乏才所用之人皆不得已臣觀朝廷取士之廣賢俊如林患在不知豈可遂無一人賢於張頡況臣前所言頡四事迹狀明白皆可覆驗贓汙私邪欺君陵下既非有德臨事乖剌覆軍殺將不可謂才而宰相不聽公議必行私意共理安在伏乞指揮將臣所言撥實施行若非虛妄即乞罷頡差

遣若臣言不當亦乞明加責降今但隱忍不一別白是非恐　朝廷紀綱自此日壞謹錄奏聞伏候敕旨

言責降官不當帶觀察團練狀　十四月

右臣伏以　朝廷典章百世所守因事變法爲患常多　祖宗之世使相節度不領京師官局其奉朝請必改他官或爲東宫三師或爲諸衞將軍太平興國中以趙普之勳自河陽還朝止爲太子少保以向拱張永德之舊並爲環衞至今諸道鈐轄總管以防圉老歸者亦以諸衞處之蓋其遺法也至明道中錢惟演以章獻皇后親嫌罷樞密使始以保大節度爲景靈宫使治平中李端愿以

長宮主子亦以武康節度爲醴泉觀使悳侍一厎自是戚里以節察居京邑不治事者肩相磨也然猶未見以罪降黜而以觀察團練享厚祿居謫籍者近日李憲以宣州觀察使提舉明道宮王中正以嘉州團練使提舉太極觀二人貪墨驕横敗軍失律罪惡山積雖死有餘責　聖恩寬貸皆置之善地而又首亂國憲假以使名臣恐後世推壞法之始歸咎今日謂宜考修制度追還誤恩以存舊典且使罪人知有懲艾謹錄奏聞伏候敕旨

言張頡第四狀

右臣近以除張頡戶部侍郎不當凡三次上言一次蒙降付三省

進呈不行兩次皆留中不出臣本言張頡事皆罪狀明白非風聞
臆度之言訪聞執政止謂世方乏人頡雖無德以才見取方今多
士盈廷非無一人可勝張頡而頡前後敗官喪師所至狼狽不唯
無德亦復非才況　二聖臨御專任執政進退百官一出其口若
差除不當而諫臣之言公然不用則今後誰肯復言雖復有大於
此者臣恐　陛下無由復知矣臣所上章初嘗降出施行獨三省
沮抑不從中外之議止於歸罪執政今不復降出議者或謂見惡
不去非出　聖意必有左右近習陰爲之助臣雖知日月之明萬
無此事而疏遠不亮未免疑謗所損不小伏乞出臣前狀付外施

行謹錄奏聞伏候敕旨

論傅堯俞等奏狀謂司馬光爲司馬相公狀三十一日

右臣今年二月曾上言　朝廷初行差役之法其間衙前一役最爲重難民間所苦宜以賣坊場錢及坊郭官戶寺觀單丁女戶所出役錢量行裁減雇募衙前以免民間重役之害後來蒙　朝廷差臣兄軾詳定役法軾議論與臣無異致與本局商量不合陳乞罷免尋蒙　朝廷依軾所乞臣以兄弟之嫌未敢再有論列今竊聞監察御史陳次升奏以役法大要未定人情熒惑乞敕詳定役法所疾速議定合差合雇色額及官戶寺觀單丁女戶等敷出役

錢則例先次施行其州縣事體不同難以直行處分者候諸處申到相度裁定奏 聖旨批送詳定役法所臣看詳次升所言役人合差合雇色額及官戶寺觀單丁女戶合出役錢則例實係役法要節當今所宜先定其詳定役法所並不公心定奪奏稱准元祐元年二月七日敕應天下免役錢一切並罷其諸色役人並依熙寧元年以前舊法定差及七月三日 朝旨司馬相公申明指揮招差役人大要已定終不明言何役合差何役合雇至於官戶寺觀單丁女戶合出役錢只言七月三日朝旨未得施行亦不明言合如何立為則例據此奏陳但務求合取容雖言事官所陳更不

講論曲直況司馬光雖爲宰相而君前臣名禮有定分今詳定役法所乃於奏狀中謂光爲司馬相公苟申私敬不顧上下之禮曲意推奉一至於此而　朝廷望其能別白是非立爲成法亦已難矣臣恐此風一扇臣主之分自此陵夷不唯　朝廷之害亦非所以安光之道也謹按詳定役法官皆侍從儒臣不容不知　朝廷儀式伏乞取問奏狀中不名宰相出何典法及勒令早定役人合差合雇色額及坊郭官戶寺觀單丁女戶合出役錢則例申奏行下令民聞早知定法不至皇惑謹錄奏聞伏候敕旨

言張頡第五狀　二十三日

臣近奏言張頡陰嶮不才除戶部侍郎大失人望不蒙施行臣退伏思念方今　二聖勵精求賢黜去羣小無所吝惜如臣所言頡罪狀一一有實可驗而每狀輙蒙留中深駭物論推原其故蓋由執政過聽用頡致臣有論列因謂頡雖無德而才有可取以此疑誤聖聽不然　陛下虛心納諫一言可采未嘗不從何以至此伏念臣平生與頡素不相識但以公議不與恐誤國事是以懷不能已謹復采衆論得頡前後臨事乖方及　朝廷曾以其褊躁猜忌罷頡差遣五事條件如左

一熙寧年中頡初除江淮發運奏乞復轉般鹽倉朝廷下三司

相度以不便而罷及頡到任二年真楊等州運河乾澁不通
漕運並不計置不濬朝廷特令借上供錢米先開淘大段淺
澁去處頡却奏稱河道雖淺然河各有油泥可以併用兵士
牽挽得行如撩得油泥一尺以上接續得雨添注更不消開
淘若至時雨澤未應卽開修未晚後來綱運不通頡别無措
置曾有團渦巡檢侍禁范彦臣以陳公塘見有積水乞引入
運河頡亦未曾施行遂致諸路各稱闕鹽共計二百萬餘石
虧損年額不少後來却係　朝廷差官取陳公塘水灌溉運
河通放鹽綱當時據知泰州蘇稅狀稱已出及重綱四分之

一不數日間必可盡出頡爲發運使公然不開河道積壓鹽貨意欲附會先乞復轉般倉文字更不顧國家大計其挾情害公類皆如此若只是暗謬致誤國事則今者執政謂頡有才臣深不曉其意

一侯叔獻昔開淮南運河害虐兵夫死者如積新舊兩河相並而行人知無益頡爲發運使略無一言復因過京師知樞密使吳充與宰相王安石異議遂與充私言之頡不意充卽奏其事及朝廷公行理會召頡至中書聚廳問之頡却稱來時未曾開河亦不曾與充言此前後所害異同　朝廷遂差官

取勘頭領抵諱不承據頭領狀其實畏懼安石叔衆不敢正
言但揣知吳充與安石不協故以此言取悅於充而已其反
覆實于正是小人真態若執政以此爲才又臣所未曉也
一安化州夷人從來三年一度進奉舊例雖不遣其人入貢而
與之驛券等物其數稍豐及頭爲桂州經略使日轉運司應
副錢物差發至四年乃足而宜州及經略使司展其進奉年
限俾之四年乃得入貢斬惜錢物所得無幾而夷人因此作
過破軍殺將凡費百餘萬甞以招安而定頭初見夷人拒
命遣兵官曹萬領兵出討苗至臣前由乞備說時方大暑頭

令於桂州造餅般往宜州比至皆臭不可食軍情因此怨怒
南方至今傳以爲笑及費萬兵敗爲夷人所共觴食妻男失
所都鈐轄和斌申經略司乞厚加賙䘏頡指揮破經略司錢
買紙酒奠祭奏聞　先帝知其暗謬不可用遂以乖方取勘
臣詳頡始爲　朝廷吝惜些小錢物終致邊患首尾費百餘
萬貫至於千里送餅犒軍以紙贈優䘏死事如此等事似非
理財富國之手而執政任以戶部侍郎冀有益於國此又臣
所未曉也
一元豐三年七月三日中書劄子節文臣僚上言伏見近喻張

頵直龍圖閣知熙州按頵天資褊躁動多猜忌頃在廣南忿

爭互論州縣官吏爲之不安乞速賜追寢新命奉　聖旨張

頵依舊令知滄州蓋頵之險躁著自先朝非獨今日則臣之

所言似未爲過也

一元豐四年內臣綦元亨差往廣西起發韶惠州錢頵以轉運

使權廣州送沉香七兩朱砂半觔桂花竹紙等與元亨兼達

條以妓樂與元亨燕會見今案款具在臣前言頵素以奇砂

交結貴官及外議疑頵有左右近習之助致臣章不蒙降出

誠不爲過也

右臣今所言五事及前狀所言共計九事皆一一有實蓋頔從來
蒞官所至不了決無可用之理臣訪聞一二大臣特保薦頔可用
無疑伏乞　陛下出臣前後封事令保薦之人看詳以此等人委
是可用與否仍乞降付三省依公施行謹錄奏聞伏候敕旨

申三省論張頔狀　二十六日

右轍累會上言除張頔戶部侍郎不當竊聞第一狀會蒙　朝廷
降付三省進呈不行轍尋博采衆論得頔歷任處置乖方傷財敗
事迹狀非一遂兩具論奏皆留中不出伏惟　皇帝陛下太皇太
后陛下求賢惟恐不及去奸惟恐不速如頔之陰險瑣謬少見其

此　二聖之明不容聞而不去竊料聖意必以重違大臣之議是以遷延至此至於執政諸公上承　二聖拱默仰成之託百官進退門口而定豈不欲進賢退奸率由公議以無負付囑之重顧之無狀惟患不聞若果聞之勢無必用之理輙所上第一狀已經台覽後來二狀謹繕寫繳連申上伏乞考其事實裁酌施行少慰公議謹狀

再論京西水櫃狀

右臣三月中奏乞令汴口以東州縣各具水櫃所占頃畝及每歲有無除放二稅仍具水櫃可與不可廢罷如決不可廢即當如何

給還民田以免怨望尋蒙朝旨令都水監差官相度到中牟管城等縣水櫃元舊浸壓頃畝及見今積水所占及退出數目應退出地皆撥還本主應水占地皆以官地對還如無田可還即給還元估價直　聖恩深厚弃利與民無所靳惜所存甚遠然臣訪聞水所占地至今無官地可以對還而退出之田亦以迫近水櫃爲雨水浸淫占壓未得耕鑿知鄭州岑象求近奏稱自宋用臣興置水櫃以來元未曾以此水灌注清汴清汴水流自足不廢漕運乞盡廢水櫃以便失業之民臣愚以爲信如象求之言則水櫃誠可廢罷欲乞朝廷體念二縣近在畿甸民貧無告特差無干礙水部官

重行體量若信如象求所請特賜施行不勝幸甚謹錄奏聞伏候

敕旨

乞復選人選限狀

右臣竊聞監察御史上官均上言極論官冗之獘已蒙　朝旨降付銓舍左右司看詳施行臣伏見祖宗舊法凡蔭補子弟皆限二十五歲然後出官及進士諸科釋褐合守選人并州縣選人除司理司法縣尉外得替日皆合守選逢恩放選乃得注官所從來久遠仕者習以爲常雖經涉歲月不以爲怪及　先朝患天下官吏不習法令欲誘之讀法乃令蔭補子弟不復限二十五歲出官應

係選人皆不復守選並許令試法通者注官自是天下官吏皆爭誦律令於事不爲無益然人旣習法則試無不中故蔭補者例減五年而選人無復選限遂令吏部員多闕少差注不行訪聞見今已使元祐四年夏秋季闕官冗之患亦云極矣臣愚以爲方人未習法誘以免選於理亦宜及其旣習雖無免選不患不習且爲吏而責之讀法本事之當然不爲過也謂宜追復祖宗守選之舊而選滿之日兼行先朝試法之科此亦今日之便也欲乞以臣所言付給舍左右司一處看詳立法謹錄奏聞伏候敕旨

論諸路役法候齊足施行狀

右臣訪聞諸路所定役法限日已滿近日夔州等到文字相繼申到旋以逐一進呈施行臣竊惟諸路役法所係民間利害至深至廣雖逐路事體各别條目必有不同而　朝廷變法從便措置大意所謂海行條貫者不得不同也臣竊恐詳定役法所急於行法每遇逐路申到文字不候類聚參酌見得諸路體面即便逐旋施行因此致諸路役法大體參差不齊使天下之民不得均被聖澤欲乞指揮本所候諸路所申文字稍稍齊集見得諸處役法不至大段相遠然後行下謹錄奏聞伏候敕旨

滿城集卷三十八終

申三省請罷青苗狀

右轍等伏見熙寧之初始行青苗士無賢愚皆知其不便是時建議之臣盡力主張者不過一二人而賢士大夫極言其失者非異人也蓋今之執政嘗論之矣忠言讜論播於天下至今傳誦以爲口實小民呻吟欲聞更張亦已久矣伏自二聖臨御革去弊政而青苗之議獨無所變始者但令取民情願不立定額州縣或散或否事體不一天下固已疑之矣中間脩完本法使夏料納者減半出息中外喧言朝廷欲依舊放債取利此聲流傳極損聖政轍等備位諫官不敢默已遂與臺官前後上言僅數十章皆不蒙施行

傳聞大臣奏對有以國計不足疑誤聖聽者遂致此議久而不決轍等雖愚竊所未諭也蓋聞古者聖人在上食租衣稅而已凡所以奉祀郊廟祿養官吏畜兵備邊未嘗有闕也後世鄙陋乃始益以茶鹽酒稅之征然亦未聞放債取利若此之衰也今茲二聖在上恭儉無爲度越前世選用執政將致太平轍等與天下士民尚冀朝廷能寬酒稅之榷損茶鹽之入以復三代之故不意今者乃欲以青苗富國失天下之望也王安石呂惠卿既以此負國使朝廷被此聲于天下今者又復以此誤二聖此轍等區區所深痛也近日朝廷責降呂惠卿告命之出首以青苗爲罪天下傳誦人人

稱慶奈何詔墨未乾復蹈其故轍乎且青苗之法其所以害人者
非特抑配之罪也雖使州縣奉承詔令斷除抑配其爲害人固亦
不少何者小民無知不顧後患閭官中支散青苗競欲請領錢一
入手費用橫生酒食浮費取快一時及至納官賤賣米粟浸及田
宅以至破家一害也子弟縱恣欺謾父兄鄰里無賴妄託名目歲
終催督患及本戶二害也逋欠未納請新蓋舊州縣欲以免責縱
而不問三害也常平吏人舊行重法給納之賂初不能止今重法
既罷賄賂公行民間所請得者無幾四害也四事爲害雖復除抑
配之弊亦無如之何而況抑配未必除乎轍等職在言責目覩弊

事懸而不言則上負朝廷下負民物若未得請決無中止之義伏乞盡取前後章疏看詳施行以允公議謹狀

中書舍人論時事三首
論梁惟簡除遥郡刺史不當狀
不誤業康直知秦州告狀
申本省論處置川茶未當狀
户部侍郎論時事八首
因旱乞許羣臣面對言事劄子
乞推恩故知陳州鮮于侁子孫狀
乞外任劄子
論西事狀
乞驗實曹易謝上表所言劄子
論陰雪劄子
轉對狀
請復户部三司諸案劄子

欒城集卷之三十九

宋眉山蘇轍子由著

明東吳王執禮子敬　顧天叙禮初　仝校

蘇文定公文集卷第四十一

中書舍人論時事三首

□□□論梁惟簡除遥郡刺史不當狀

准今月三日吏房送到詞頭一道供備庫使内侍省内侍押班梁惟簡可遥郡刺史者

右臣竊見梁惟簡旬月之間三度超擢皆以自前法外僥倖特恩爲比仍言它人不得援例初自御藥超帶御器械及前

省兩資改所寄文思副使權入後省只此一轉已是内臣進用之極中外

驚怪已有議論次又以坤成節奏薦恩澤兩重特轉兩官於法以特恩轉官

者自文思副使當轉皇城副使又以特旨轉供備庫使臣於此時當撰

告詞以其事未至太甚未敢輙有論奏曾未旬日今又以罷本殿祗

候與轉一官若依舊法自供備庫使當轉西京左藏庫使耳今乃更

超文思左藏皇城使三資直帶遥郡刺史臣若不早論救必將大致

紛紜竊謂朝廷非常特恩當以待人臣非常之功今惟簡之為人臣

所不知但見其給事宫省歲月稍深不過勤謹自將別無非常

功效而三度冒居此寵皆非　祖宗舊法臣竊見　太皇太后陛下自臨御以來肅清中禁抑損外戚私謁不行濫恩盡去謹守法度否所未有豈肯於近習之臣獨開僥倖之路必由條例委曲聖意未暇一一盡詳而大臣不能守法失於開陳致此過當不然豈　陛下能以法度繩治外家親戚而獨不能以治内臣哉若惟簡別有出衆功勞即乞宣示其狀令有司覈實以伏中外之言臣頃以不才濫處言責每因進對輒蒙　天獎嘗欲捐軀以報知遇不敢循默上負恩德所有告詞臣未敢撰謹録奏聞伏候　敕旨

不譔葉康直知秦州告狀

右臣以下狀詞皆低二

令

今月初六日吏房送到權陝西轉運副使朝奉大夫葉康直可依前朝奉大夫直龍圖閣權知秦州詞頭一道者

右臣與葉康直素不相識亦不知其人賢愚但見前月二十四日有上件除命是時權中書舍人曾肇當撰告詞肇即具奏言昨者兵興康直調發芻糧一路騷然 先帝以其措置無狀又隨軍入界亾失爲多嘗命械繫意欲誅之以此不敢撰詞又諫議大夫鮮于侁亦言康直令兒男掘取窖藏斛𣂰貿賣及建言欲由涇原路入界和雇車乘人夫爲知永興軍呂大防所奏有違 詔敕 先帝以其處置乖方欲深置於法康直素奴事李憲密加營救遂得

無事今令帶職充一路帥臣未允公議臣今既明知曾肇鮮于侁
有上件文字指陳康直罪惡由此難以撰詞欲乞 朝廷覈實肇
侁所言康直事狀見得有無若無此事即乞正肇侁不實之罪然
後命臣撰詞臣敢不承命謹録奏聞伏候 敕旨

申本省論處置川茶未當狀

朝廷若罷益利路榷茶之法只榷陝西沿邊諸郡不許客旅私販
仍將沿邊每歲合用益利諸場茶色及斤重配在諸場合及時立
限和買隨每歲茶價高下比民間價例微高一十如尋常和糴米粟
令人戶不肯申官以致出限如有事故須至展限者具事由申本
司量展五日仍不得過再展每茶戶入場中賣須即時揀選稱買

不得輒有留滯或更依客旅體例秋冬先放茶價令
茶戶結保請領及時送納以上並不得𦄼行抑勒　官買數足方
許私下交易除沿邊所榷地分外一任客人興販如此擘畫比之
頃年全榷益利及陝西諸州其利有五益利茶戶不被官塲以賤
價大秤抑勒收買一也昔茶未有榷民間採茶凡有四色牙茶早
茶晚茶秋茶是也採茶既廣茶利自倍自榷茶以來官中只要早
茶其餘三色茶遂棄不採民失茶利過半今既通商則四色茶俱
復採二也官所運茶止於邊郡所須比榷茶之日所運減半則茶
遞役兵及州郡雇脚皆得輕減三也陝西茶商既行岐雍之間民
皆食賤茶四也益利諸州百貨通行酒稅課利理當自倍五也若

比之今來有司所議但榷名山粱洋三處放行益利諸場茶貨其利有四名山粱洋三處榷法如舊而不榷之地犬牙相錯榷與不榷茶戶利害相遼例皆王民而咫尺之間不宜頓有此異一也榷與不榷地分不遠小人易以起動茶戶借如名山之西南出茶之地尚有雅州盧山滎經等處若放令此茶北出道過名山彼此相雜不可辨認若放令此茶由水路入嘉眉則名山之茶亦當從此走失寬則榷法自廢急則民遭誣罔橫被徒配二也官中所買只用早茶則牙茶晚茶秋茶亦爲棄物民失厚利與頃歲無異三也沿邊諸州蕃部所要茶色各别今只將名山粱洋三色茶與之彼

既未諳茶性必有不售回也若比之今來或人之說兼榷陝西壹
外諸州據合用茶數於益利諸處和買官自般運和買之餘成都
路客人販茶不得過劍門利州路客人販茶不得過陝西其害有
三盡奪茶利商賈不行百貨不通酒稅課利自減一也遞茶既多
遞鋪役兵及州郡廂腳勞費與頃年無異二也岐雍之民仍食貴
茶三也由此觀之 朝廷若但和買遞鋪合用茶數只於邊郡立
榷法其條等皆通商此法一行則上件三說之弊自除至於供給
蕃部收買戰馬之利則與三說無異以此較之利害可見謹錄奏
聞伏候 勅旨

據通鑑長編此篇中書舍人時所上

戶部侍郎論時事十首

因旱乞許羣臣面對言事劄子

臣伏見二年以來民氣未和天意未順災沴薦至非水卽旱淮南饑饉人至相食河北流移道路不絕京東困弊盜賊羣起 二聖遇災憂懼損發倉廩以救其乏絕獨此三路所散已僅三百萬斛矣異時振卹未見此比然而民力已困國用已竭而旱勢未止夏麥失望秋稼未立數月之後公私無繼羣盜蜂起勢有必至臣未知 朝廷何以待此臣竊見 太皇太后陛下清身奉法與物無私 皇帝陛下恭默靖愼動由禮義皇天后土照知此心而和氣

不應深所未喻　陛下嘗究其說否臣聞天氣下降地氣上騰陰陽和暢雨澤乃至君廣聽以納下臣盡言以奉上上下交泰元氣乃和今　二聖居幃箔之中所與朝夕謀議者上止執政大臣下止諫官御史不過數十人耳其餘侍從近臣雖六官之長皆不得進見而況其遠者乎臣以謂羣臣識慮深淺不同其心好惡亦異故須兼聽廣覽然後能盡物情而得事實今　陛下聽既不廣則所行之事不得不偏聽狹事偏則陰陽亢隔和氣不效必然之理也臣觀　祖宗故事百官有司皆得以職事進對從容訪問以盡其情今　二聖臨御四方履人主之位而謙恭退託疎遠羣臣不

行人主之事遂使百官不敢以職事求見臣謂宜因此時明降
詔書許百官面奉公事上以盡羣情之異同下以閲人才之賢否
人心不塞天道必從則水旱之災庶幾可息臣棠
國厚恩比聞
詔書引咎自責避正殿損常膳分命臣僚並走羣望私心踧踖
不敢遑寧輒推天意人事影響之應庶幾有補萬一惟
陛下恕
其愚僭畧賜采擇取
進止

乞推恩故知陳州鮮于侁子孫狀

右臣等伏見故朝議大夫集賢殿修撰知陳州鮮于侁學有原本
博通諸經政事精詳和而有斷熙寧之初爲利州路轉運判官時

朝廷方行免役本路人貪地狹恍推行以理取於民有度能使一路獨無甚擾近者京東經吳居厚刻剥之餘人情不安朝廷特起恍於疾病之中副以安集恍勞徠幾歳民亦以寧旋蒙聖恩知其可用擢爲右諫議大夫恍感激知遇前後言事多蒙聽納不幸疾作不敢廢弛職事力求外補復蒙聖恩寵以要職俾守近藩仍指揮一年後取旨恍到任未幾遂至物故臣等竊閔恍平生守道歷任諸監司有補國事晚節被遇擢寘侍從適以病去無絲毫之過而身後獨不得與侍從亡殁恩例子孫見有白身欲乞聖恩特賜閔察使得依諫議大夫恩例以慰忠賢之心謹録

奏聞伏候 敕旨

乞外任劄子

臣竊聞右司諫賈易言文彥博呂陶黨助臣及臣兄軾雖 陛下察知臣兄弟孤忠無比周之實罷易言職而臣自循省蓋由行不素著未能取信於人致令煩言上瀆 天聽慚懼隕越若無所容臣軾已具劄子乞除一郡臣亦乞與兄同就外任庶全臣子進退廉恥之分況臣兄弟久以空疎並塵近侍忝冒之罪臣猶自知況於他人何由厭伏伏乞聖慈察臣誠懇非由矯飾特賜開許以安孤危取 進止

此文下上接論西事劄子

乞驗實賈易謝上表所言劄子

臣伏見知懷州賈易到任謝表二道皆自謂以忠直獲罪而指言羣臣讒邪罔極朋黨滔天上下不交忠良喪沮至引周易履霜堅冰不早辨之言以爲戒欲使一朝廷原心定罪便行誅戮其間有云蘇轍持密命以告人志在朋邪而害正臣非諫臺凡易所言不敢條析論奏惟有言臣一節理當辨明易雖頃爲諫官今出守郡於條不當復以風聞言事其言臣以密命告人伏乞　朝廷取問實狀如言有實臣甘誅　朝典取　進止

論陰雪劄子　元祐三年春

臣伏見自去冬至今陰雪繼作罷民凍餒困斃道路　聖心憂勞
何所不至蓋嘗命有司發內庫之錢出司農之粟竭大府之虞以
濟其急矣猶以爲未也則釋犴獄罷夫役凡可以惠民之事無不
爲矣而天意不順雨雪如故臣竊惑之臣嘗觀先儒論五行之說
以爲聽之不聰是謂不謀厥咎急厥罰常寒故周之末世舒緩微
弱政在臣下則天應之以燠煖秦之末世峻刑暴斂海內重足而
立則天應之以寒慄是以周亡無寒歲秦滅無燠年信如此言則
朝廷之政令豈失於急歟竊惟　二聖臨御以來革敝去煩施
惠已責凡所措置雖未盡得而民獲其所欲者多矣苟以爲急雖

三尺童子不信也然則陰雪之應其咎安在臣聞商高宗雊雉於鼎其臣祖己告之曰惟先格王正厥事夫所謂正厥事者無常事也惟因其非而正之耳故臣竊推之古事以爲天大雷電以風而成王應之以迎周公衛國大旱而文公應之以伐邢夫親任三公非所以止風而興師伐人非所以致雨彼旣爲之不疑而天亦報之如響者誠得其時當其事耳臣竊惟近者天地之變常半歲苦旱半歲苦陰陰陽之氣一有過差浸淫爛熳而不能反今雨雪旣甚久而不止則春夏之際又將復旱此其類似有以致之者古之爲政德刑並用寬猛相濟使天下懷其惠而畏其威民氣充塞而

天地從之故陽不過而陰不忒自頃以來　朝廷之政專以容悅爲先務上下觀望化而爲一監司之臣以不按有罪爲賢郡縣之官以寬弛租賦縱釋酒稅爲優至於省臺寺監亦未聞有正身治事以辨集聞者也何者　朝廷方兼容是非以不事事爲安靜以不別白黑爲寬大是以至此極也臣竊惟　朝廷之意其始蓋欲以寬治民耳而不知姦臣猾吏乘其間以侵虐細民其弊不可勝數名雖近寬而其實則虐也　陛下誠欲消復此變宜詔敕大臣使之守法度立綱紀信賞必罰使羣下凜然知有所畏苟　朝廷無偏甚不舉之政則陰陽過差浸淫爛熳往而不反之氣宜可得

而止也不然雖空府庫竭倉廩以賑貧窮破囹圄焚鞭扑以縱罪戾臣恐天地之意未易回也臣待罪地官以簿書米鹽爲職出位而言罪在不赦　陛下頃自疎外擢臣而用之二年之間致位於此豈欲責臣齪齪以吏事自效而已哉是以冒萬死獻言惟　陛下裁擇取　進止

轉對狀

准御史臺牒五月一日文德殿視朝臣次當轉對臣待罪地官以財賦爲職朝夕從事於今半年耳目所接或干利病敢緣虞人守官之義庶幾百工執藝以諫謹條具本職三事昧死上獻

一臣伏見本部一月出入見錢之數率皆五十餘萬貫竊謂所
得僅給經費而已稍加借用輒干求 朝廷方能辦事有司
牒嘗有闕事之懽臣聞古之爲國皆食租衣稅而足降及
近世始有鹽鐵酒稅之利凡郊廟 朝廷祿士養兵捍邊雖
騰百色取具於此蓋天之所生地之所產足以養人自三代
漢唐至於 祖宗之盛未有舍此而外求者也今四海萬里
耕稼相屬而以不足爲憂臣實怪之孟子有言無政事則財
用不足臣愚無知意者 朝廷之政豈有所未立故耶臣觀
諸道監司自近歲以來觀望上下無復厲精之意姦慝
朝

廷以不親細務爲高以不察姦吏爲賢於是巡歷所至或不入場務不按有罪郡縣靡然承風懦者頹弛權歸於吏貪者縱恣毒加於民四方嗷嗷幾於無告其他害理而傷化者非臣之職臣不敢議也若夫兩稅征商榷酤無故虧欠者比比皆是此臣之職也欲乞 陛下特降一指揮令本部左曹具諸路去歲三事增虧之數其非因水旱災傷特以寬弛不職而致虧欠者擇其最甚黜免轉運使副判官罰一以勸百主意所向下之所趨也如此施行庶幾財賦漸可治矣

一臣聞漢以九卿治事唐以六曹爲政漢非無尚書而唐非無

卿寺也蓋事不在耳　先帝法唐之故專任六曹故雖兼置
寺監而職業無幾量事設官其間蓋有僅存者矣頃元祐之
初患尚書省官多事少始議併省郎曹所損纔一二耳而寺
監之官如鴻臚將作舊不設卿丞者紛紛列置更多於舊中
外之議以此疑惑以爲　朝廷爲人設官非爲官擇人此言
一出爲損非細其於體非臣所當議也而至於京師廩給之
厚出於本部故臣願　明詔有司減去寺監不急之官以寬
不貲之費而已

一臣聞財賦之源出於四方而委於中都故善爲國者藏之於

民其次藏之州郡州郡有餘則轉運司常足轉運司既足則
戶部不困唐制天下賦稅其一上供其一送使其一留州比
之於今上供之數可謂少矣然每有緩急王命一出舟車相
銜大事以濟　祖宗以來法制雖異而諸道蓄藏之計猶極
豐厚是以斂散及時縱捨由已利柄所在所爲必成自熙寧
以來言利之臣不知本末之術欲求富國而先困轉運司轉
運司既困則上供不繼上供不繼而戶部亦憊矣兩司皆困
故內帑别藏雖積如丘山而委爲朽壤無益於算故臣願
陛下舉近歲　朝廷無名封樁之物歸之轉運司蓋禁軍闕

當

額與差出衣糧清汴水脚與外江綱船之類一　經擘劃例皆封樁夫闕額禁軍請常以例物招置而出軍之費罷此給彼初無封樁之理至於清汴水脚雖損於舊而洛口費用實倍於前外江綱船雖不打造而雇船運糧其費特甚重復刻剝何以能堪故臣謂諸如此比當一切罷去況　祖宗故事未嘗有此但有司固執近事不肯除去惟　陛下斷而與之則轉運司利柄稍復而上供有期戶部亦有賴矣

右謹件如前謹録奏聞伏候　敕旨

請戶部復三司諸案劄子

臣以愚拙待罪戸部右曹俛仰幾歲訖無云補竊嘗以　祖宗故事考之今日本部所行體制旣殊利害相遠恐合隨事措置以塞弊原謹昧死具三弊以聞其一曰分河渠案以爲都水監其二曰分胄案以爲軍器監其三曰分修造案以爲將作監前件三監皆隸工部則本部所專其餘無幾出納損益制在他司頃者司馬光秉政知其爲害嘗使本部收攬諸司利權然當時所收不得其要至今三案之事猶爲諸司所擅深可惜也　祖宗參酌古今之宜建立三司所領天下事幾至太半權任之重非他司比推原其意非以私三司也事權分則財利散雖欲求富其道無由蓋國之有

財猶人之有飲食飲食之道當使口司出納而腹制多寡然後分布氣血以養百骸耳目賴之以爲明手足賴之以爲力若不專任口腹而使手足耳目得分治之則雖欲求一飽不可得矣而況於安且壽乎今戶部之在　朝廷猶口腹也而使他司分治其事何以異此自數十年以來羣臣不明　祖宗之意每因一事不舉輒以三司舊職分建他司利權一分用財無藝他司以辦事爲效則不恤財之有無戶部以給財爲功則不論事之當否彼此各營一職其勢不復相知雖使戶部得才智之臣終亦無益於算矣能否同病府庫卒空今不早救後患必甚昔嘉祐中京師頻歲大水大

臣始取河渠案置都水監置監以來比之舊案所補何事而大不便者河北有外監丞侵奪轉運司職事轉運司之領河事也凡郡之諸埽埽之吏兵儲蓄無事則分有事則合水之所向諸埽趨之吏兵得以併功儲蓄得以併用故事作之日無暴斂傷財之患事定之後徐補其闕兩無所妨自有監丞據法責成緩急之際諸埽所有不相爲用而轉運司始不勝其弊矣近歲嘗詔罷外監丞識者韙之既而復故物論所惜此工部都水監爲戶部之害一也

先帝一新官制並建六曹隨曹付事故三司事多隸工曹名雖近正而實非利昔胄案所掌今內爲軍器監而上隸工部外爲都作

院而上隸提刑司欲有興作戶部不得與議訪聞河北道頃歲為
羊渾脫動以千計渾脫之用必軍行之水過渡無船然後須之而
其為物稍經歲月必須蠹敗　朝廷無出兵之討而有司營職不
顧利害至使公私應副虧財害物若使專在轉運司必不至此此
工部都作院為戶部之害二也昔修造案掌百工之事事有緩急
物有利害皆得專之今工部以辦職為事則緩急利害誰當議之
朝廷近以箔場竹箔積久損爛創令出賣上下皆以為當　指
揮未幾復以諸處修造歲有料例遂令般運堆積以分出賣之計
豈不知將作見工幾何一歲所用幾何取此積彼未用之間有無

低二格

貼黃三司設案舊職今分隸膳部光祿寺雖所掌飲食帳設利害非大如臣所言可采亦當如上三案分隸戶部

蘇文定公文集卷第四十一

損敗而遂爲此討本部雖知不便而以工部之事不敢復言此工部將作監爲戶部之害三也凡事之類此者多矣臣不能徧舉也故願——明詔有司罷外水監丞而舉河北河事及諸路都作院皆歸之轉運司至於都水軍器將作三監皆兼隸戶部使定其事之可否裁其費之多少而工部任其功之良苦程其作之遲速苟可否多少在戶部則凡傷財害民戶部無所逃其責矣苟良苦遲速在工部則凡敗事乏用工部無所辭其譴矣利出于一而後天下貧富可責之戶部而工部工拙可得而考矣事在本職在臣不得不言如果可采伏乞付外施行取 進止

此首在乞外任劄子後

論西事狀 元祐二年八月

右臣伏見西夏頃自秉常之禍人心離貳梁氏與人多二族分據東西廂兵馬勢力相敵疑阻日深入寇之謀自此衰息朝廷畧加招納隨即伏從使介相尋臣禮甚至只自今年春末夏初以來始有桀心出兵數萬掩襲涇原殺虜弓箭手數千人復歸巢穴朝廷方事安衆難於用武接以君臣之禮加以冊命之恩特遣使人厚賜金幣戎狄獸心敢爲侮慢輒以地界爲詞不復入謝至於坤成賀使亦遂不遣中外臣子聞者無不憤怒思食其肉臣忝備侍從主憂臣辱義不辭勞臣擢自小官列於禁近議論幾事既其本職

感激思報宜異常人是以冒昧獻言不避罪戾庶幾聖意由此感
悟雖被譴逐臣不恨也臣竊惟當今之務以爲必先知致寇之端
由審行事之得失然後料虜情之所在定制敵之長算誠使四者
畢陳於前羌戎小醜勢亦無能爲也董氈本與西夏世爲仇讐元
昊之亂仁宗賴其牽制梁氏之簒神宗藉其征討世効忠力非諸
蕃之比乃者董氈老病其相阿里骨擅其國事與其妻契丹公主
殺其二妻心牟氏其大將鬼章及溫溪心等皆心懷不服阿里骨
欺罔朝廷自稱董氈嗣子朝廷不察情僞不原逆順即以節鉞付
之謀之不臧患自此起阿里骨既知失衆虐用威刑衆心日離而

鬼章自謂與阿里骨比肩一體顧居其下心常不悅夏人乘此間隙折節下之先與阿里骨解仇結懽令轉說鬼章舉兵入寇復誘脇人多保忠令於涇原竊發黨與既立羽翼既成是以敢肆狂言以動朝聽向若阿里骨以董氈之死來告立嗣朝廷因其所請遍問鬼章溫溪心等以誰實當立若衆以阿里骨爲可立則既立之後衆必無詞若以爲不可則分董氈之舊秼以三使領授此三人阿里骨無僥倖之命鬼章無怨望之意則夏人無與爲援安能動搖加以數年以來朝廷本厭兵事羌中測知此意亦以自安頃者忽命熙河點集人馬大城西關仍云來年當築龕谷聲實既暴虜

心不寧舉兵自強釁亦啓此此所謂致寇之端由也先帝昔因粱
氏簒逆之禍舉兵誅討侵擾地界爲怨至深羌虜之性重於復讐
計其思報之心未嘗一日忘也徒以喪亂相繼兵力凋殘陛下臨
御之初意切懷納是以連年入貢以休息其民雖有恭順之言蓋
亦非其本意矣假令犯順固猶有詞今朝廷因其承襲之後賜之
冊命捐金錢二十餘萬緡以爲之禮彼既與我有君臣之分然後
可責以忠順之節朝廷此舉於義甚長而羌虜無謀遂肆桀傲內
則其國中士民自知其不直必不爲用外則中國兵將皆有鬬志
易以立功曲直之幾於此始定雖棄捐金幣以封殖寇讐小人謂

之失策而分別曲直以激勵將士智者謂之得討此所謂行事之
得失也元昊本懷大志長於用兵亮祚天付凶狂輕用其衆頃爲
邊患皆歷歲年然而國小力微終以困斃今梁氏專國素與人多
不協內自多難而欲外侮中原料其姦謀蓋非元昊亮祚之比矣
意謂一聖在位恭默守成仁澤之深遠近所悉既無用武之意可
肆無厭之求蘭會諸城鄜延五寨好請不獲勢脅必從以爲狂言
一聞求無不得今朝廷既已漸爲邊備益兵練將則羌虜之心已
乖本計不過秋冬寒涼之後小小跳梁以嘗試朝廷而已若朝廷
執意不搖守邊無失則款塞請盟本無愧恥若朝廷用心不一惟

務求和則求請百端漸不可忍此所謂虜情之所在也凡欲應敵必先正名夏人初起邪謀必有二說其一以爲慢詞既達則地界可得無窮之請因以滋彰其二以爲雖不得地實亦無損猖狂力屈稍復求和中國厭兵勢無不許方其不遜則張皇事勢夸示諸戎及其柔伏則畧爲恭順使中國黽勉而聽今朝廷遣兵積粟地界之請固已不從然而號令未明逆順未著臣恐夏人未知朝廷不憚用兵之意無以折其姦心又恐將來姦窮力屈畧修臣禮便與講和要約不堅必難持久昔趙欲與秦爲媾其謀臣虞卿以爲從秦爲媾不若從齊爲媾於是東結齊人而秦人自至區區之趙

尚知出此而况堂堂中國畏避畜縮媮於無事不一分别曲直而反聽命於羌人哉臣願陛下明降詔書榜沿邊諸郡其大意略曰夏國頃自亮祚喪亡先帝舉兵弔伐既絶歲賜復禁和市羌中窮困一絹之值至十餘千又命沿邊諸將吏迭行攻討橫山一帶皆棄不敢耕窮守沙漠衣食併竭老少窮餓不能自存朕統御四海均覆無外閔此一方窮而無告遂勑諸道帥臣禁止侵掠自是近塞之田始復耕墾既通和市復許入貢使者一至賜予不貲販易而歸獲利無算傳聞羌中得此厚利父子兄弟始有生理朕猶念孤童幼弱部族携貳若非本朝賜之策命假以寵靈則何以威伏

諸下脫將字勵下有軍字疑作諸軍也

酋豪保有疆土是時朝士大夫咸謂夷狄反覆心未可知使者將行言猶未已朕有存亡繼絶之志欲修祖宗爵命諸侯之典以爲寧人負我斷而不疑故遣使出疆授以禮命金錢幣帛相屬於道邊人父老觀者太息以爲仁義之厚古所未有而狼子野心飽而背德不遺謝使不賀坤成朕以君道撫之而不以臣禮報朕天地所疾將相咸怒朕惟狂謀逆節止其一二姦臣國人何辜當被殺戮是以弭兵安衆未議攻討然而逆順之理不可不明其令沿邊諸將飭勵兵馬廣爲儲峙敢有犯塞卽殺無赦彼旣背逆天理不有人禍必有鬼誅姑修吾疆以待其變臣料此命一出羌人愧畏

雖未即款伏而姦計沮屈無以號令其下諸路兵民知彼曲我直人思致死勇氣一發邊聲自倍此必然之勢也今朝廷日夕備邊常若寇至而但曲加隱忍不降此命使虜衆一旦犯境終亦不免交鋒若聽臣此言要之亦不出兵坐而待敵初無有異而使士氣感忿以思戰虜情知難而自屈求和之請其至必速此所謂制敵之長算也臣竊聞朝廷近已添屯兵將增廣邊儲議絕和市使熙河帥臣招來阿里骨鬼章溫溪心人多保忠等此兵法所謂上兵伐謀不戰而屈人者陛下若能饒之以金錢而寬其繩墨使將帥得盡其心間諜得盡其力則事無不成而虜漸可制矣然有一事

似非臣所得言者，但以蒙國厚恩，不敢不盡。昔熙寧、元豐之間，所行政令，雖未必便民，然先帝操之以法，濟之以威，是以令無不從，而事無不舉。頃者朝廷刬去苛法，施行仁政，可謂善矣。然而刑政不明，多行姑息，中外觀望，靡然有縱弛怠惰之風。平居無事，姑以偷安可耳。今虜方不順，勝負之變，蓋未可知。緩急之際，威令無素，何以使衆？臣謂宜因事正法，以明示天下。臣前所言去歲太臣承用阿里骨欺罔之奏，授以節制，致令鬼章懷憤入寇，夏人乘釁違命，此則當時宰相樞密使副苟簡無謀之罪也。近者涇原賊騎至者數萬，殺掠數千，斥候不明，備禦不及，熙河賊退，經今累月，而殺傷焚蕩之奏至今未上此則將帥弛慢不畏朝廷之罪也陛下恬不爲怪畧無責問政之不修孰大於此中外相視以爲疑怪朝廷方將使人蹈白刃赴湯火臣有以知其不能矣昔公孫洪爲相諸侯有逆謀請歸侯印以塞責諸葛亮爲相任馬謖不當請自貶三等以右將軍領事蓋大臣體國不惜身自降黜爲衆行法今陛下何不取去歲冊命阿里骨與議大臣不論去位在位皆奪一官至於兩路將帥雖寄任不改而法不可廢皆使隨罪行罰以此號令四方庶幾知所畏憚政修於朝廷之上而敵人恐懼於千里之外勢之所至不足怪也今陛下未能正羣臣而望西羌之畏威不可

得矣。臣聞范仲淹守慶州，因葛懷敏之敗，請以任將非人，因兩府遜謝，損其勳爵而復其位，以激勵諸將，感慰邊兵。時雖不用，而范仲淹之言，至今惜之。臣雖不敏，究觀往事，以爲可施於今，不敢默也。小臣狂僭，鈇斧之誅，無所逃避，惟陛下裁察。取進止。

貼黄：或言阿里骨之請與乾順之嗣立事體無異，今臣言册命乾順爲得策，而封拜阿里骨爲失計，似言之未當者。臣以謂不然。阿里骨之請命，可否在我，而乾順之嗣立朝廷，且不得而知，況能制其可否乎？故臣以乾順之命爲是，而以阿骨里之命爲非，不爲妄論也。

蘇文定公文集卷第四十二
戶部侍郎論時事六首
論開孫村河劄子
再論回河劄子
三論回河劄子
乞裁損浮費劄子
論庚倩少欠酒課以抵當子利充填劄子
翰林學士論時事八首
再論裁損浮費劄子
論黃河必非東決劄子
乞罷修河司劄子
北使還論北邊事劄子五道
為旱乞罷五月朔朝會劄子
戶部侍郎論時事六首

□□□論開孫村河劄子

臣為戶部右曹兼領金倉二部任居天下財賦之半適當中外匱竭不繼之時日夜憂惶常慮敗事竊見左藏見緡一月出納之數大抵皆五十餘萬略無贏餘其他金帛諸物雖小有羨數亦不足賴臣之愚慮常恐天災流行水旱作沴西羌旅距邊鄙繹騷河議失當賦役橫起三事有一大計不支雖使桑羊劉晏復生計無從出矣而況於臣之駑下乎今者幸賴□二聖慈仁恭儉天地垂貺諸道秋稼稍復成熟雖京西陝西災旱相接而一方之患未為深憂羌人困窮旋開款塞惟有黃河西流議復故道事之經歲役兵二

萬人蓄聚稍椿等物三千餘萬方河朔災傷困弊之餘與必不可
成之功吏民竊嘆勞苦已甚而莫大之役尚在來歲天啓聖意灼
知民心特召河北轉運司官吏訪以得失近聞回河大議已寢不
行臣平日過憂頓然釋去然尚聞議者固執開河分水之策雖權
罷大役而兵小役竟未肯休如此則河北來年之憂亦與今年
何異今者小埽決口入地已深而孫卿所開丈尺有限不獨不能
回河亦必不能分水況黃河之性急則通流緩則淤澱既無東西
皆急之勢安有兩河並行之理哉縱使兩河並行不免各立堤防
其爲費耗又倍今日矣臣聞自古聖人不能無過過而能改善莫

大焉故君子之過如日月之食過也人皆見之更也人皆仰之朝廷舉動義當如此今議河失當知其害人中道而復本何所愧雖使天下知之亦足以明二聖憂民之深爲之改過不吝今乃顧惜前議未肯曠然更張果於遂非難於遷善臣實爲朝廷惜之然臣聞議者初建開河分水之策其說有三其一曰御河堙滅失饋運之利其二曰恩冀已北漲水爲害公私損耗其三曰河徙無常萬一自北界入海邊防失備凡其所以熒惑聖聽沮難公議皆以三說藉口夫河決西流勢如建瓴引之復東勢如登屋雖使三說可信亦莫如之何矣況此三說皆未必然臣請得具言之昔大河在

東御河自懷衛經北京漸歷邊郡饋運既便商賈通行今河既西流御河堙滅失此大利誰則不知天實使然人力何及若議者能復澶淵故道則御河有可復之理今河自小吳北行占壓御河故地雖使如議者之意自北京以南折而東行則御河堙滅已一二百里亦無由復見矣此御河之說不足聽一也河之所行利害相半夏潦漲溢浸敗秋田瀕河數十里爲之破稅此其害也漲水既去淤厚累尺粟麥之利比之他田其收十倍寄居丘冢以避淫潦民習其事不甚告勞此其利也今河水在西勢亦如此遠爲堤坊不與之爭正得漢賈讓治河之意比之故道歲省兵夫稍芟其數

其廣而故道已退之地桑麻千里賦稅完復爲利不貲安用逆天地之性移西流之憂爲東流之患哉此恩冀以北漲水爲害之說不足聽二也河昔在東自河以西郡縣與虜接境無山河之限邊臣建爲塘水以捍胡馬之衝今河旣西行則西山一帶胡馬可行之地已無幾矣其爲邊防之利不言可知然議者尚恐河復北徙則海口出虜界中造舟爲梁便於南牧臣聞虜中諸河自北南注以入於海蓋地形北高河無北徙之道而海口深浚勢無徙移臣雖非目見而習北方之事者爲臣言之大畧如此可以遣使按視圖畫而知此河入虜界邊防失備之說不足聽三也臣願以此三

說質之議者則開河分水之說誠不足復爲矣又臣訪聞今歲四五月間河上役兵勞苦無告嘗有數百人持板築之械訪求都水使者意極不善賴防邏之卒擁拒而散盛夏苦役病死者相繼使者恐朝廷知之皆於垂死放歸本郡斃於道路者不知其數若今冬放凍來歲春暖復調就役則意外之患復當如前臣不知朝廷何苦而不罷此役哉今建議之臣恥於不效而堅持之於上小臣急於利禄不顧可否隨而和之於下上下膠固以罔朝廷其間正言不避權要纔一二人耳然事非本職亦不敢盡言臣以戶部休戚計在此河若復緘默誰當言者惟斷自聖心盡罷其議則天下

不勝幸甚取進止

貼黄臣訪聞河北轉運司今年應副開河費用錢七萬三千餘貫糧十七萬餘石梢草一百五十二萬餘束災傷之後極力刻剝先了河事後及經費極為不易若使今年不興河役則上件錢糧梢草別將應副它事已自有餘深為可惜雖已往之事不可復追而來年不可使復河北重有此費

[illegible]

不勝幸甚[illegible]也

再論回河劄子

臣頃聞朝廷議罷回河來年當用役兵開河分水臣以為天下財賦匱竭河朔災傷之後民力未復未堪此役輒奏言不便既而采察衆議聞河北轉運使謝卿材到闕倡言於朝曰黃河自小吳決口乘高注下水勢奔快上流隄坊無復決怒之患而下流湍駛行於地中日益深浚朝廷若以河事付臣臣請不役一夫不費一金十年之間保無河患大臣以其異已罷歸本任而使王孝先俞瑾張景先三人重畫回河之計三人利在回河雖言其便而亦知其難成故於議狀之末復言若將來河勢變移乞免修河官吏責罰

都下洶洶傳笑以爲口實盡回河之非斷可知矣然近日復聞內批降付三省如云若河流不復故道終爲河朔之患外廷疎遠不知此說信否然衆心憂懼深恐羣臣由此觀望不敢正言得失臣職在財賦憂責至深不敢畏避誅戮願畢陳其說方今回河之策中外講之熟矣雖大臣固執亦心知其非無以藉口矣獨有邊防一說事係安危可以竦動上下伸其曲說陛下深居九重羣言不得盡達是以遲遲不決耳昔真宗皇帝親征澶淵拒破契丹因其敗亡與結歡好自是以來河朔不見兵革幾百年矣陛下試思之此豈獨黃河之功哉昔石晉之敗黃河非不在東而祥符以來非

獨河南無虞憂河北亦自無兵患由此觀之交接夷狄顧德政何如耳未聞逆天地之性引趨下之河升積高之地輿莫大之役冀不可成之功以爲設險之計者也昔李垂孫民等號知河事嘗建言乞導河西行復禹舊迹以爲河水自西山北流東赴海口河北諸州盡在河南平日契丹之憂遂可無慮今者天祚中國不因人力河自西行正合昔人之策自今以往北岸決溢漸及虜境雖使異日河復北徙則虜地日蹙吾土日紓其爲憂患正在契丹耳而大臣過計以爲中國之懼遂欲罄竭民力導河東流其爲契丹謀則多爲朝廷慮則疎矣議者或謂河入虜境彼或造舟爲梁長驅

南牧非國之利臣聞契丹長技在鞍馬舟楫之利固非所能且跨河繫橋當先兩岸進築馬頭及伐木爲船其功不細契丹物力寡弱勢必不能就使能之今兩界修築城柵比舊小增輒移文詰問必毁而後已豈有坐視大役而不能出力止之乎假設虜中遂成橋黃河上流盡在吾地若沿河州郡多作戰艦養兵聚糧順流而下則長艘巨纜可以一炬而盡形格勢禁彼將自止矣臣竊怪元老大臣久更事任而力陳此說意其謀已出口重於改過而假此不測之憂以取必於朝廷耳不然豈肯于天下困弊河朔災傷之後興數十萬夫費數千萬物料而爲萬無一成之功哉夫大役既

此下誤釘他卷一葉

興勢不中止預約功料有少無多官不獨辦必行科配官出其一民出數倍公私費耗必有不可勝言者矣苟民力窮竭事變之出不可復知飢餓相逼必爲盜賊昔秦築長城以備胡城既成而民叛今欲回大河以設險臣恐河不可回而民勞變生其計又出秦下異日雖欲悔之不可得也陛下數年以來休養民力如恐傷之今河以安流勢舟無變而強生瘡痏以擾之非計之得也故臣願陛下斷之於心罷此夫役留神察之自河決小吳於今九年不爲不久矣然虜恭順與事祖宗無異陛下誠重違大臣姑復以三年觀之事久情見大臣之言與天下公議可以坐而察也臣不勝區

此文依通鑑長編四百十六坿入

此八字乃貼黃之尾

區憂國之誠干犯斧鉞死無所避取進止

貼黃朝廷已遣范百禄趙君錫出按囬河利害然大臣方持其議事勢甚重中外誰不觀望風旨百禄等雖近侍要官臣不敢保其不為身謀能以實告也故不避再瀆復為此奏非陛下斷之於心天下之憂未知所底也

欒城集卷三十九終

欒城集卷之四十

宋眉山蘇轍子由著　　明東吳王執禮子敬　顧天叙禮初仝校

戶部侍郎論時事四首

三論回河劄子

臣近者聞有內批降付三省言黃河若不復故道終為河北之患初聞此旨中外無不驚愕以為黃河西行已成河道大臣擅議欲壅令復東異同之論方相持未決而此旨復降臣下觀望誰敢正言方衆心憂疑之際旋聞復有　聖旨收入前降批語羣臣釋然

咸知　陛下虛巳無心欲求公議深得古先聖王改過不吝之美正人端士始有樂告善道之意然臣竊聞近又降敕以北京封樁京東新法鹽錢三十五萬貫指揮河北收買開河梢草繼又商量調發來歲開河役兵二事旣出中外復疑何者朝廷近遣范百祿等按行河事利害若開河之議可行無疑則安用遣使若猶遣使則開河之議尚在可疑今使未出門而一面收買梢草調發役兵則是明示必開之形欲令使者黙喻欲開之旨臣雖愚暗竊恐非　陛下虛巳無心欲求公議之意也伏乞速降指揮收回買梢發兵二事使范百祿等明知　聖意無所偏係得以盡心體量不

至阿附大臣以誤國計今中外財賦匱竭見錢最爲難得新法鹽
錢雖不屬戶部要是百姓膏血不可輕用況河北災傷之餘明年
大役决不可興雖如今歲止用役兵如臣前奏所言役苦財傷爲
害已甚將來若范百祿等以開河爲便猶當計校利害寬展歲月
調兵買梢皆非今歲所急若范百祿等以開河爲不便則聚兵積
梢梢草輕脆稍經歲月化爲糞壤皆非計也況所用梢草動計千
萬一時收買價必踴貴若止令和買則所費不貲必非止三十五
萬貫可了若令配買則河北災傷之餘民間大有陪備或生意外
之患不可不慮也臣受　聖恩至深至厚位下力微竊不自量再

三千與國論罪當萬死不敢逃避取 進止

乞裁損浮費劄子

臣等竊見本部近編成元祐會計録大抵一歲天下所收錢穀金銀幣帛等物未足以支一歲之出今在藏庫見錢費用已盡去年借 朝廷封樁末鹽錢一百萬貫以助月給舉此一事則其餘可以類推矣臣等聞古者制國之用必量入為出使三年耕必有一年之食故三十年之間而九年之畜可得而備也今者文武百官宗室之蕃一倍皇祐四倍景德班行選人胥吏之衆率皆廣增而兩稅征商榷酒山澤之利比舊無以大相過也昔 祖宗之世所

人師屢所出既儆則用度饒衍理當然爾今時異事變而奉行舊
例有加無損今日天下已困弊矣若更數年加之以饑饉因之以
師旅其爲憂患必有不可勝言者臣等備位執官與聞　朝廷大
計而當時默不言豈日雖被誅戮何補於事故臣等願及今日明勅
本部取見今朝廷政事應干費用錢物者隨事看詳量加裁損使
多不至於傷財少不至於害事　聖以身率之大臣以身行之使
天下曉然皆知事之當然而非　朝廷有所靳惜則誰不信依昔
治平熙寧之間因時立政凡改官者自三歲而爲四歲任子者自
一歲一人而爲三歲一人自三歲一人而爲六歲一人宗室自袒

免以上漸殺恩禮天下晏然莫以爲言此則今日之成法也臣等伏乞檢會寶元慶歷嘉祐故事於本部置司選擇近臣共議其事嚴立近限責以實效法度一成數歲之後費用有節府庫漸充傳之無窮久而不弊則其於　聖德實非小補也臣等愚拙不能修明職業以廣財賦冒昧獻言罪當萬死取　進止

貼黄勘會頃降　朝旨令本部裁減浮費前後所減三十餘事率皆浮費之小者然所減已約及二十餘萬貫不爲無補今若事無大小並量行參酌裁損則其爲利必大伏乞　聖慈早賜施行

論侯偁少欠酒課以抵當子利充填劄子

臣竊見今月二十二日敕滑州韋城縣百姓侯偁少欠酒務課利等錢特許將子利並充欠數已拘收抵當契書依舊在官仍許納錢收贖所欠課利等錢與均作七年送納仍免差人監催餘人不得援例臣竊以民間欠負合催合放皆有條法上下共守凡有寬貸皆先經戶部勘當於法無礙然後施行未有如侯偁之比直自

朝廷批下聖旨更不問條法可否一面行下仍令衆人不得援例者本部官吏皆竊疑怪不敢奉行深恐此令一行應干欠負之家皆懷不平之意已具狀申尚書省乞　朝廷裁酌施行去訖臣

今竊聞侯偁係　皇太妃親戚二聖篤於恩愛特爲降此指揮疎賤之臣不當更有論奏然臣職在右曹專掌坊場法度　祖宗條約當與天下共之不宜以宮禁之私輒有撓敗臣恐此門一啓宮中遞相扳援其漸可畏臣若失職不舉其罪大矣竊惟　皇太妃供養二宮動循禮法外廷雖疎未聞有過差之事今侯偁所欠不過萬數千緡耳若以私親之故出捐金帛以濟其急下足以存骨肉之恩上足以全　祖宗之法天下傳誦無復間言公法既完國勢增重其於太妃盛德亦非小補也臣不勝區區守法愛君之心欲乞追還前命使天下明知　朝廷不以私愛害公義干冒鈇鉞

俯伏待罪取　進止

貼賣契勘人戶承買場務如有拖欠官錢已拘收抵當在官其所收子利自合納官兼拘收抵當亦合依條出賣今所降聖旨有此違礙

再論裁損浮費劄子

臣等近奉敕裁減冗費上自宗室貴近下至官曹胥吏旁及宮室械器凡無益過多之用皆得量事裁減唯獨宮掖浮費名件不少有司不得盡見未敢輒議竊見近降詔書以方將裁損入流以清取士之路遂命今後每遇聖節大禮生辰　太皇太后皇太后皇

太妃所得恩澤並四分減一。俟以身先天下。詔書既出。中外臣庶皆知　聖明以私徇公。至有感激流涕者。臣等仰測　聖意。克己爲人。無所不可。其欲裁損宮掖浮費與裁損私門恩澤何異。然而至今未見施行者。蓋有司失於建明。則臣等之罪也。謹按寶元二年。嘗命近臣詳定裁損冗費。時諫官韓琦建言。請令三司取入內內侍省并御藥院內東門司　先朝及今來賜予支費之目。比附酌中減省。其無名者。一切罷去。時有詔禁中支費只令入內內侍省御藥院內東門司。相度減省。報詳定所。其臣僚支賜。即許會問入內內侍省等處施行。及慶歷元年。又詔入內內侍省等處。取先帝時帳籍比較近年内中用度之數以聞是時所損浮費數目極多爲蓋不細臣等欲乞陛下推廣前日減省恩澤已行之心仰法寶元慶歷祖宗已試之效使天下明知　陛下節用裕民自宮禁始則凡有裁損誰不心服臣等不勝區區干犯鈇鉞取　進止

翰林學士論時事八首

論黄河必非東決劄子　元祐四年八月初十日上

臣去歲領戸部右曹以財賦不足而開河之議不決河北費用不貲曾三上章論河流西行已成河道而孫村以東故道高仰勢決難行是時大臣之議多謂故道可開西流可塞　朝廷因遣范百

祿趙君錫親行相度以人情論之符合大臣則易爲言違背大臣
則難爲說而百祿等旣還皆謂故道不可開而西流不可塞何者
地形高下可指而知水性避高趨下可以一言而決故百祿等不
敢蒙昧　朝廷希合權要效其誠說而致之陛下陛下亦知其言
明白信而行之中外公議皆以爲當今自夏秋之交暑雨頻併河
流暴漲出岸由孫村東行以理言之蓋河上每歲常事耳而都水
監勾當公事李偉與河埽使臣因此張皇申報以分水爲名欲因
發回河之議都水監從而和之亦以僥倖欲成回河之役臣竊以
爲此輩類多小人不知遠慮河若安流則無以興起功役功役不

起則此輩差遣請受不可僥求惟有河事一興則求無不可而況
大臣以其符合已說樂聞其事乎臣竊聞見今河道西行孫村側
左大約入地二丈以來而見今申報漲水出岸由新開口地東入
孫村不過六七尺欲因六七尺漲水而奪入地二丈河身雖三尺
童子知其難矣然　朝廷遂爲之遣都水使者興兵功開河道進
鋸牙欲約之使東今方河水盛漲其西行河道若不斷流則過之
東行實同兒戲昔鯀堙洪水汨陳五行逆天地高下之性九載而
功不成鯀以殛死今一河雖小而河朔百萬生靈安危所係奈何
不計利害而輕動之哉臣願陛下急命有司且徐觀水勢所向

依累年漲水舊例因其東溢引入故道以舒北京朝夕之憂其故道堤坊壞缺之處略加修完免其決溢而已至於開河進約等事一切不得興功仍不許奏辟官吏調發夫役候河勢稍定然後議之不過一月之後漲水既落則西流之勢決無移理而羣小妄說不攻自破矣若不待水勢稍定倉猝之間卽行應副大役一起小人既得差遣請受因緣生事勢難禁止則河北之患有不可知者矣臣兄軾前在經筵因論黃河等事爲衆人所疾迹不自安遂求引避臣今出位而言正與兄軾無異然不忍　朝廷莫大之害而舉朝臣僚懲創前事無有一人爲　陛下言者是以不能自已狂

愚率易伏俟誅譴取　進止

貼黄訪聞孫村出岸漲水今已斷流河上官吏未肯奏知　朝廷臣乞特降　聖旨差不干礙官司體量聞奏

乞罷修河司劄子　元祐五年二月十三日上

臣於去年嘗再具劄子論黄河漲水於孫村出岸東流本非東決而吳安持李偉等附會大臣欺罔朝聽欲因此塞斷北流東復故道差官調夫於今年春首興起大役臣竊疾之是以不避煩瀆据職獻言以爲河北生靈連歳災傷不宜輕有舉動乞　陛下斷之於心力止其事是時大臣固執前議天聽高遠言不能回臣尋被

命出使契丹道過河北見州縣官吏訪以河事皆以目相視不敢正言及今年正月還自虜中所過吏民方舉手相慶皆言近有朝旨罷回河大役命下之日北京之人驩呼鼓舞以爲二聖明見千里之外雖或巧爲障蔽而天日所照卒無能爲惟滅水河役遷延不止耗蠹之事十存四五民間竊議意大臣業已爲此勢難遽回旣爲聖鑒所臨要當逡巡盡罷今月六日果蒙 聖旨以旱災爲名權罷修黄河候今秋取旨大臣覆奏盡罷黄河東北流及諸河功役民方憂旱皇皇之際聞命踴躍實荷 聖恩然臣竊詳 聖旨不謂滅水河必不可開而託名旱災曲全大臣不欲明指其過

而大臣復請遍罷諸河以蓋獨罷減水之迹上下相蒙體實未便何者北流堤埽積歲不治近來南宮宗城等處決流皆由堤埽怯薄夏秋水漲勢不能支都水官吏竊幸其事因以爲回河減水之說既不依常理興功貼築甚者又大計閉塞決口功料以形比孫村回河之費意謂彼此費用相若則孫村之役不爲過當由此北流之患浸不禁止臣昨過瀛深洺等州界吏民皆言今年若不治堤數州之民受害尤甚至於東流故道地勢積高必不可復所開減水河雖不開掘毋歲漲水必由此行歲歲淤高往事可驗縱復開掘深廣河淤一上勢不復存於此施功顯是枉費國力而捨彼

爲此欺罔可知然臣之所憂非特在此何者河流之不可復東若使上下誠有不知悞興大役雖傷財害民爲患不小而事有過誤於君臣之間逆順之際未爲大不便也今者大臣之議違衆悖理決不可爲而協力主張膠固爲一去歲所罷今歲復行順之者任用違之者斥去雖被　聖旨猶復遷就以便其私　陛下之言上合天意下合民心因水之性功力易就天語激切中外聞者或至泣下而大臣奉行不得其半由此觀之則是大臣所欲雖害物而必行　陛下所爲雖利民而不聽至於委曲回避巧爲之說僅乃得行君權已奪國勢倒植臣所謂君臣之間逆順之際大不便者

此事是也董仲舒有言尊其所聞則高明矣行其所知則光大矣今　陛下既得其所聞知然未能尊而行之臣恐羣臣顧望有不爲　陛下用者矣故臣願陛下有所不知知之必行有所不行行之必盡責河既不可復回則先罷修河司只令河北轉運司盡將一道兵功修貼北流堤岸罷吳安持李偉都水監差遣正其欺罔之罪使天下曉然知聖意所在如此施行不獨河事就緒天下臣庶自此不敢以虛誑欺一朝廷弊事庶幾漸去矣臣待罪翰苑身無言責冒昧納忠譏訶貴近罪合萬死然念頃自初任知縣蒙二聖非次拔擢首尾五年叨在禁近恩德深重羣臣少比臣而不言

天下無敢言者矣。斧鉞之誅，所不敢避。取進止。

貼黄。訪聞修河司承受内臣鄭居簡近爲黄河故道不可復行，不敢虚占本職，請受乞先罷任。已蒙朝廷允許。以此觀之，顯是修河司不須復存。其吳安持、李偉尚自貪禄怙權，未即引去。伏乞早賜罷免所有修河司見管職事，即乞依去年正月二十八日已降指揮，令河北轉運司結絶。

訪聞修河司妄舉大役，略無所益，而費用錢糧物料萬數不少。河北災傷之後，極不易應副。縱是封樁錢物，亦出自民力，深可痛惜。臣欲乞委河北提轉不干礙官，具前後所費用過數目，結

罪保明聞奏所貴朝廷上下具知蠹害之實今後慎於興作

北使還論北邊事劄子五道

一論北朝所見於朝廷不便事

臣等近奏使出疆見北界兩事於中朝極爲不便謹具條列如後

一本朝民間開版印行文字臣等竊料北界無所不有臣等初至燕京副留守邢希古相接送令引接殿侍元辛傳語臣轍云令兄内翰（謂臣兄軾）眉山集已到此多時内翰何不印行文集亦使流傳至此及至中京度支使鄭顓押宴爲臣轍言先臣洵所爲文字中事迹頗能盡其委曲及至帳前館伴王師儒

謂臣轍聞常服伏苓欲乞其方蓋臣轍嘗作服伏苓賦必此
賦亦已到北界故也臣等因此料　本朝印本文字多已流
傳在彼其間臣僚章疏及士子策論言　朝廷得失軍國利
害蓋不爲少兼小民愚陋惟利是視印行戲褻之語無所不
至若使盡得流傳北界上則洩漏機密下則取笑夷狄皆極
不便訪聞此等文字販入虜中其利十倍人情嗜利雖重爲
賞罰亦不能禁惟是禁民不得擅開板印行文字令民間毋
欲開板先具本申所屬州爲選有文學官二員據文字多少
立限看詳定奪｜不犯上件事節方得開行仍重立擅開及

看詳不實之禁其今日前已開本仍委官定奪有涉上件事

節並令破板毀棄如一集中有犯只毀所犯之文不必毀全集看詳不實亦準前法如此庶

幾此弊可息也

一臣等竊見北界別無錢幣公私交易並使本朝銅錢沿邊禁

錢條法雖極深重而利之所在勢無由止本朝每歲鑄錢以

百萬計而所在常患錢少蓋散入四夷勢當爾也謹按河北

河東陝西三路土皆產鐵見今陝西鑄折二鐵錢萬數極多

與銅錢並行而民間輕賤鐵錢鐵錢十五僅能比銅錢十而

官用鐵錢與銅錢等緣此解鹽鈔法久遠必敗河東雖有小

鐵錢，然數目極少。河北一路則未嘗鼓鑄。臣等嘗聞議者謂可於三路並鑄鐵錢，而行使之地止於極邊諸州。極邊見在銅錢，並以鐵錢兌換，般入近裏州軍。如此則雖不禁錢出外界，而其弊自止矣。伏乞下戶部，令遍問三路提轉安撫司，詳講利害。如無窒礙，乞早賜施行。惟河東路極邊數郡，訪聞每歲秋成，必假銅錢於北界入戶收糴，乞令相度，若以紬絹優與折博，有無不可。此計若行，為利不小。

□□□二論北朝政事大畧

臣等近奉敕差充北朝皇帝生辰國信使，尋已具語録進呈訖。然

於北朝所見事體亦有語録不能盡者恐　朝廷不可不知謹具三事條列如左

一北朝皇帝年顔見今六十以來然舉止輕健飲啗不衰在位既久頗知利害與　朝廷和好年深蕃漢人戶休養生息人人安居不樂戰鬬加以其孫燕王幼弱頃年契丹大臣誅殺其父常有求報之心故欲依倚漢人託附本朝爲自固之計雖北界小民亦能道此臣等過界後見其臣僚年高曉事如接伴耶律恭燕京三司使王經副留守邢希古中京度支使鄭顓之流皆言及和好咨嗟嘆息以爲自古所未有又稱道

北朝皇帝所以館待南使之意極厚有接伴臣等都管一人未到帳下除翰林副使送伴副使王可離帳下不數日除三司副使皆言緣接伴南使之勞以此觀之北朝皇帝若且無恙北邊可保無事惟其孫燕王骨氣凡弱瞻視不正不逮其祖雖心似向漢未知得志之後能彈壓蕃漢保其祿位否耳

一北朝之政寬契丹虐燕人蓋已舊矣然臣等訪聞山前諸州祗候公人止是小民爭鬭殺傷之獄則有此弊至於燕人强家富族似不至如此契丹之人每冬月多避寒於燕地牧放住坐亦止在天荒地上不敢侵犯稅土兼賦役頗輕漢人亦

易於供應惟是每有急速調發之政即遣天使帶銀牌於漢户須索縣吏動遭鞭箠富家多被强取玉帛子女不敢愛惜燕人最以爲苦兼法令不明受賕鬻獄習以爲常此蓋夷狄之常俗若其　朝廷郡縣蓋亦粗有法度上下維持未有離析之勢也

一北朝皇帝好佛法能自講其書每夏季輙會諸京僧徒及其羣臣執經親講所在修蓋寺院度僧甚衆因此僧徒縱恣放債營利侵奪小民民甚苦之然契丹之人緣此誦經念佛殺心稍悛此蓋北界之巨蠹而中朝之利也

右謹録奏　聞乞賜省閲亦足以見隣國向背得失情狀取　進
止
□□□□三乞罷人從內親從官
臣等近奉使北朝竊見每番人從內各有親從官二人充牽櫳官
訪聞自前牽櫳官並只是宣武長行不差親從官止於近歲始行
差充緣親從官多係市井小人既差入國自謂得以伺察上下入
界之後恣情妄作都轄以下望風畏避不敢誰何雖於使副亦多
褻慢夷狄窺見於體不便昨來左番有李寔一名見作過犯已送
雄州栲勘施行緣選差使副責任不輕謂不須旁令小人更加伺

察況已有譯語殿侍別具語録足以關防欲乞今後遣使其牽攏官依舊只差宣武長行更不差親從官取　進止

□□□□四乞隨行差常用大車

臣等近奉使北朝每齎於車營務差到車六兩般載官司合用諸物其車多是低小脆惡纔行一兩程即致損壞沿路不輟修完僅能到得雄州極爲不便蓋爲國信內有鞍轡等匣舊例不得使常用大車須得別準備此車專充入國既居常不使風雨暴露積久損爛臨時差撥但取數足致有此弊竊見每歲接送伴北使只使常用大車頗極牢壯今若令入國亦只選差常用大車四乘令勾

當使臣等自辦簞竹於車箱前後夾縛安置諸匣別無不便免使
沿路修車煩擾州縣極爲穩便取　進止

□□□□五乞立差馬及馳日限

臣等近奉使北朝竊見一行所用馬及橐駞並於太僕寺及馳坊
差撥撿會條貫俱未有差撥日限由此坊監公人例於使副臨起
發日然後差撥蓋逐坊監多有病患馳馬本處避見倒死(退換)科
較利在臨時差撥以此惟要期限追促入國使副雖知不堪無由退換以
入界之後經涉苦寒險遠多致倒死有誤使事欲乞今後所差入
國駞馬並於起發半月以前差定仍即時關報使副令看驗揀擇

取進止

爲旱乞罷五月朔朝會劄子 元祐五年四月

臣伏見去冬無雪今歲春夏時雨絶少二麥不收秋種未入旱勢濶遠歲事可慮伏惟　太皇太后陛下　皇帝陛下聖心焦勞請禱備至發倉粟留上供米以救饑饉苟可利民無所愛惜而天意未回旱氣日甚臣實憂之竊惟古之明君遇災恐懼内旣竭其誠心晝用勸分以濟民厄外必避殿減膳廣求直言以答天意今二聖旣勤其内而外事未修五月之旦將御文德朝羣臣臣恐九重之祕憂懼之實民莫得知徒見　陛下晏然坐朝臨御大衆民愚無

知或謂　陛下不畏天災不䘏民瘼人心一疑天意弗順以此救旱所損大矣臣愚伏願　陛下舉行　祖宗故事明詔有司罷朔會避正殿損常膳令百官吏民皆得上封事指陳時政闕失如此施行雖未得雨而人知　陛下寅畏天戒不吝改過羣情悅伏神亦將助以此救旱非小補也近日執政大臣雖會奏乞解罷職任以答天變而所請未力無益於事今若　陛下既自引咎則大臣勢難獨止雖未可遽從若且例降一官旋得雨而復君臣協心灾庶可止臣備位禁林心有所見不敢緘默或加采納乞不出臣此章只作聖意行下於體尤便取　進止

卷之四十終

欒城集卷第四十三

宋眉山蘇轍子由著　　明東吳王執禮子敬　顧天敘禮初　仝校

御史中丞論時事一十二首

乞舉御史劄子

臣以空踈備位執法當得僚佐以助不逮竊見兩院御史止三人而兩人謫免未入不獨言者寡少於　朝廷得失有所不盡而六察所治事務至煩力有不及則百司怠廢頃者員缺不補動經歲月衆論莫不疑怪臣竊見唐制臺官皆大夫中丞自辟有不由此

乞舉御史劄子
薦呂陶吳安詩劄子
乞罷熙河修質孤勝如等寨劄子
薦林積劄子
乞分別邪正劄子
論執政生事劄子
論言事不當乞明行黜降劄子
再論分別邪正劄子
再論熙河邊事劄子
再論舉臺官狀
三論熙河邊事劄子
三論分別邪正劄子

除授勅命雖行皆拒而不納至　本朝雖稍損其舊然亦必令本臺與兩制分舉而人主自擇其可者用之初無執政用人之法也然人才之難非獨今日故自唐太宗以來兼設監察裏行以待資淺之士而　祖宗舊制亦許用京朝官知縣以上立法稍寬易於應格近日舉法須得實歷通判一考人物衰少莫甚於今而獨於言事官重為艱阻實未允當臣頃在內外制見每有詔下同列相視患無合格可舉之人所舉既上又多不用都於前任臺官中推擇任使雖云舊人不免出自執政所可殊失　祖宗博舉之意臣今欲乞並詔本臺及兩制依放舊制舉升朝官初任通判以上

或第二任知縣通判以上及知縣人所舉各半從　聖意選擇補足見闕仍依舊置監察裏行所貴　祖宗選任臺官舊法不至隳壞而綱紀之地易於得人亦免遺曠取　進止

薦呂陶吳安詩劄子

臣今月二十四日面奏司馬康久病諫官闕人乞早賜選擇除授尋奉　聖旨只爲難得人臣退而思之知人之難莫如已試之驗竊見前左司諫呂陶右司諫吳安詩昔任言責知無不言雖各會罷去並不緣過惡同時臺諫已斥復用者迨今已遍惟陶以言韓維不公韓氏黨與強盛爲衆所疾安詩以言王讜進用不當讜連

姻權勢無由復進質之公議皆謂不平若蒙　聖恩還付舊職俾得盡心圖報必有可觀方今臺諫並闕臣雖備位執法才短無助深愁言職曠弛無補　聖明謹采衆論冒昧塵獻乞更加採察特賜録用不勝幸甚取　進止

乞罷熙河修質孤勝如等寨劄子

臣伏見西夏輕狡屢臣屢叛爲患莫測昨與延安商量地界遷延不決捨歸本國招之不至邊人之議始謂地界自此不可復議而坤成賀使亦當不至矣今者天誘其衷使者既已及境而地界復議如故方其未遣告絶招懷之計猶可復施此實中國之利也然

臣恐　朝廷忽而不慮不於今日窮究端由窒其釁隙必族邊患既起而後圖之則無及矣臣聞熙河近日創修質孤勝如二堡侵奪夏人御莊良田又於蘭州以北過河二十里議築堡寨以廣斥候夏人因此猜貳不受約束其怨毒邊吏不信　朝廷不言可見矣徒以賜歲至厚和市至優是以勉修臣節其實非德我也使之稍有便利豈肯帖然不作過哉何者中國既失大信則夷狄不可復責故也臣竊聞　朝廷之於西夏棄捐金帛割裂疆土一無所愛者累年于茲矣而熙河帥臣與其將吏不原　朝廷之心徼求尺寸之利妄覬功賞以害國事深可疾也頃年熙河築西關城聲

言次築龕谷鬼章疑懼遂舉大兵攻擾一路瘡痍至今未復今既城質孤勝如其勢必及龕谷夏人驚疑正與鬼章事同由此言之則曲在熙河非夏人之罪也夫蘭州之爲患所從來遠矣昔 先帝分遣諸將入界李憲當取靈武畏怯不敢深入遂以此州塞責自是以來築城聚兵完械積粟勞費天下動以千萬爲計議者患之久矣好事之臣因此講求遺利以爲金城本漢屯田舊地田極膏腴水可灌溉不患無食患在不耕不患不耕患無堡障凡西關龕谷質孤勝如與過河築城皆所以爲堡障也從來熙河遣兵侵耕此地皆爲夏人所殺況於築堡致寇無疑而 朝廷恬不爲怪

坐觀邊釁之啓深可惜也夫蘭州不耕信爲遺利矣若使夏人背
叛則其爲患比之不耕蘭州何翅百倍故臣以爲　朝廷當權利
害之輕重何所取捨況蘭州頃自邊患稍息物價漸平比之用兵
之時何止二分之一若能忍此勞費隱以歲月徐觀間隙俟夏人微
弱決不敢寧乃議修築如此施行似爲得策臣不知邊臣何苦而
爲此怱怱也昔唐明皇欲取吐蕃石堡城隴右節度使王忠嗣名
將也以爲雖克堅城費士數萬然後可圖恐所得不讎所失請厲
兵馬待釁取之帝意不快忠嗣由此得罪其後帝使哥舒翰攻拔
之雖開屯田獲軍實不爲無補而士卒死亡費盡皆知忠嗣之言

唐史以爲深戒此則今日之龜鑑也若　朝廷不用臣言臣料夏人久必復叛用兵之後不免招來其爲勞恥必甚今日敵人强梁則畏之敵人柔伏則陵之恐非大國之體也惟　陛下留神省察取　進止

貼黃臣聞　朝廷欲遣孫路以點檢弓箭手爲名因商量熙河界至臣觀孫路昔在熙河隨李憲等造作邊事由此蒙　朝廷擢用深恐路狃習前事不以夏人逆順利害爲心而妄圖蘭州小利以失國家大計伏乞　明賜戒敕若因界至生事别致夏人失和勞民蠹國罪在不赦

薦林豫劄子

臣竊見天下久安士久不試才者無以自見緩急之際　朝廷不知所用昔漢丞相王嘉虛丘之人嘗上書言前蘇令起爲盗欲遣大夫問狀時見大夫無可使者召盩厔令尹逢拜諫大夫遣之今諸大夫有材能者甚少宜豫畜養可成就者則士赴難不愛其死臨事倉卒乃求非所以明　朝廷也臣以不才竊位以爲侍從近臣誠及今閑暇各舉所知　朝廷得以稍加優異則緩急宜有所補

臣竊見右通直郎林豫吏幹強敏長於應變所至可紀初任[illegible]州惠安尉以邏捕獲兇惡強劫賊二十四人蒙恩轉二官次任簽書

亳州判官復以選捕楚州漣水羣盜又獲三十八人累減六年磨勘仍不依名次指射差遣觀其措置方畧頗得古人用兵之意若蒙　朝廷拔擢更加試用宜有可觀今世智策之士不可多得若令吏部隨例注授碌碌於外異日欲有使令不若素養之爲善也臣不勝區區採擇衆善以補萬一取　進止

乞分別邪正劄子　旁改字據諸臣奏議

臣竊見元祐以來　朝廷改更弊事屏逐羣枉上有忠厚之政下無聚斂之怨天下雖未大治而經今五年中外帖然莫以爲非者惟姦邪失職居外日夜窺伺便利規求復進不免百端游說動搖

貴近臣愚竊深憂之若　陛下不察其實大臣惑其邪說遂使忠邪雜進於朝以示廣大無所不容之意則氷炭同處必至交爭薰蕕共器久當遺臭　朝廷之患自此始矣昔聖人作易內陽外陰內君子外小人則謂之泰內陰外陽內小人外君子則謂之否蓋小人不可使在　朝廷自古而然矣但當置之於外每加安存使無失其所不至憤恨無聊謀害君子則泰卦之本意也昔東晉桓溫之亂諸桓親黨布滿中外及溫死謝安代之爲政以三桓分涖三州彼此無怨江左遂安故晉史稱安有經遠無競之美然臣竊謂謝安之於桓氏亦用之於外而已未嘗引之於內與之共政也

向使安引桓氏而賓諸朝人懷異心各欲自行其志則謝安將不能保其身而况安 朝廷乎頃者一二大臣專務含養小人爲自便之計既小人內有所至故蔡確邢恕之流敢出妄言以欺愚惑衆及確恕被罪有司懲前之失凡在外臣僚例蒙擢洎盧秉何正臣皆身爲待制而明堂薦子止得選人蒲宗孟曾布所犯明有典法而降官褫職唯恐不甚明立痕迹以示異同爲 朝廷斂怨此二者皆過矣故臣以爲小人雖决不可任以腹心至於牧守四方奔走庶事各隨所長無所偏廢寵禄恩賜常使彼此如一無迹可指此 朝廷之至計也近者 朝廷用鄧温伯爲翰林承旨而臺

諫紛然進言指爲邪黨以謂小人必由此薦進臣嘗論溫伯之爲人粗有文藝無他大惡但性本柔弱委曲從人方王珪蔡確用事則頤指如意及司馬光呂公著當國亦脂韋其間若以其左右附麗無所損益過便流轉緩急不可保信誠不爲過也若謂其懷挾姦詐能首爲亂階則甚矣蓋臺諫之言溫伯則過至爲 朝廷遠慮則未爲過也故臣願 陛下謹守元祐之初政久而彌堅慎用左右之近臣毋雜邪正幸於在外臣子一以恩意待之使嫌隙無自而生愛戴以忘其死則垂拱無爲安意爲善愈久而愈無患矣臣不勝區區博采公議而效之左右伏乞宣諭大臣共敦斯義勿

謂不預改更之政輒懷異同之心如此而後　朝廷安矣取　進止

論執政生事劄子

臣聞宰相之任所以鎭安中外安靖　朝廷使百官皆得任職賞罰各當其實一人主垂拱無爲以享承平之福此眞宰相職也臣竊見近者執政進擬鄧溫伯爲翰林學士承旨除命一下而中書舍人不肯撰詞給事中封還一詔書御史全臺兩省諫議皆力言其不可議論洶洶經月不定而執政之意確然不回溫伯既仍舊就職而言者並獲美遷質之公議皆不曉其故若謂執政誠是耶

則給舍臺諫並係所選豈其皆非若以論者誠非耶則不加黜責
並獲優寵進退無據是以公議皆謂　朝廷自知其非但重於改
作而已今者謗議未息又復進擬禮部侍郎陸佃兵部侍郎趙彥
若權本部尚書中書舍人二人復相次封還陸佃之命臣竊惟此
二事本非　朝廷急切之務勢須必行者也上既不出於人主下
又不起於有司皆由執政出意用人致此紛爭內則　皇帝陛下
太皇太后陛下厭於煩言焦勞彌月下則侍從要司失其舊職
綱紀廢壞至於賞罰顛倒頃所未聞臣不知爲政如此得爲鎮安
中外安靖　朝廷者乎頃者諸曹侍郎闕人　朝廷始擢用諸卿

監爲權侍郎蓋以不權侍郎則本曹公事闕官發遣如禮兵諸部
事至簡少雖無侍郎但責郎官亦自可了況侍郎既具而復權尙
書此何說也若謂侍郎久次當遷尙書臣不知尙書久次當遂遷
執政乎此則爲人擇官而非爲官擇人之意也臣待罪執法竊慮
聖意未經究察但見執政歷詆有司而自伸其意使羣臣無由
自明今後更有如此等事無敢守法爲　陛下明白是非者是以
區區獻言不覺煩瀆罪當萬死取　進止

論言事不當乞明行黜降劄子

臣聞孟子有言有官守者不得其職則去有言責者不得其言則

去故　祖宗朝凡任臺諫言而見聽則居職言而不用則罷黜理之必至前後然雖有去年臺諫論回河不當言既不從而言者皆獲美遷今年復論鄧溫伯不可任翰林承旨既不效而言者亦並進職雖人臣迨於朝命俛就位而中外觀望不知曲直所在爲損不細誠使　朝廷偶有過舉聞善而改適足以增朝綱之光甚或言者論事不嘗據法罷免亦足以示進退之公今者不推是非一加進擢　朝廷則負諱過便私之毀臣下則被苟簡懷祿之非風俗漸成士節陵替載之史冊不爲美事臣今待罪執法才力疲懦何能發明然在職思憂不敢不勉若所言中理望　陛下

此下接「自編命削邪正劄子」

力賜　主張行之無吝一有不當亦乞明加流竄以懲妄言惟乞
勿爲隱忍包含之計使臣一主俱受其謗不勝幸甚取　進止

再論熙河邊事劄子

臣近以熙河帥臣范育與其將吏种誼种朴等妄興邊事東侵夏
國西挑靑唐二難並起釁故莫測乞行責降至今未蒙施行臣已
別具論奏臣竊復思念熙河邊釁本由誼朴狂妄覬幸功賞今育
雖已去而誼朴猶在新除帥臣葉康直又復人才凡下以臣度之
必不免觀望　朝廷爲誼朴所使若不並行移降則熙河之患猝
未可知加以　朝廷論議亦自不一臣請詳陳本末而　陛下察

之昔　先帝始開熙河本無蘭州初不爲患及李憲違命創築此城因言若無蘭州熙河決不可守自取蘭州又已十餘年今日欲棄質孤勝如以侵夏國良田遂言若無質孤勝如蘭州亦不可守展轉生事類皆浮言蓋以邊防無事將吏安閑若不妄說事端無以邀求爵賞此則邊人之常態而自古之通患也今若試加詰問理則自窮何者二寨廣狹幾何所屯兵甲多少夏人若以重兵掩襲其勢必難保全既克二城乘勝以擊蘭州則蘭州之危何異昔日今　朝廷不究其實而輕用其言以隳大信夏國若因此不順外修朝貢以收賜予之利內實作過以收鹵獲大功臣恐二寨所

得地利殊未足以償此臣所謂貿孤勝如決不可城者由此故也
昔　先帝綏御西蕃董氊老而無子趙醇忠其族子也　先帝嘗
遣苗履多持金幣以醇忠見之是時　聖意蓋有在矣事既不遂
而董氊昏病遂爲阿里骨所殺阿里骨本董氊之家奴先亂其家
次取其國董氊之臣如鬼章溫溪心等皆有不服之志此實一時
之機會也是時　朝廷若因機投隙遣將出兵擁納醇忠則不世
之功庶幾可立而一時大臣不知出此遽以旄鉞寵綏篡奪之臣
使得假中國爵命之重以役屬蕃部臣主之勢由此而堅然自是
以來頗亦外修臣節未顯背畔之迹而青等欲於此時復舉前策

葢巳疎矣昔曹公旣克張魯劉曄言於公曰公旣舉漢中蜀人望風破膽劉備得蜀日淺蜀人未恃也誠因其傾而壓之蜀可傳檄而定若小緩之蜀人旣定據嶮守要不可犯矣公不從居七日聞蜀中震動公以問曄曄曰今巳小定未可擊也夫機會一失七日之間遂不可爲今乃於數年之後追行前計亦足以見其暗於事機而不達兵勢矣臣聞种諤昔在 先朝以輕脫詐誕多敗少成常爲 先帝所薄今誼朴爲人與諤無異誼於頃歲偶以勁兵掩獲鬼章以此自負而西蕃懲於無備久作隄防亦無可乘之勢況育自到任屢陳此討咫尺蕃界誰則不知臣謂兵果出境必有不

可知之憂矣兼聞近日擅招青唐蕃部數以千計納之則本無

朝旨未有住坐之處卻之則於彼爲畔必被屠戮之苦據此專擅

罪名不輕臣不曉　朝廷曲加保庇其意安在若不並行責降臣

恐　朝廷之憂未有艾也借使阿里骨因此怨叛結連夏人同病

相卹更出盜邊羽書交馳勝負未決當此之時大臣相顧不敢任

責而使　聖君　聖母憂勞於帷幄之中雖食主議者之肉復何

益乎臣所謂阿里骨決不可取者由此故也凡此二事皆國家安

危邊民性命所係禍機之發間不旋踵故臣願　陛下奮發　英

斷黜此三人外則使異域知此狂謀本非　聖意易以招懷內則

使邊臣知賞罰尚存，不敢妄作，此當今所宜速行者也。然臣尚謂熙河遭此破壞，彼此相疑，卻欲招納，令就平帖，非得良帥，未易安也。臣覩璩康直之為人，深恐未足倚仗。何者？康直頃緣權貴所薦，節制秦鳳。秦鳳邊面至狹，號為無事，而康直於前年冬無故展修甘谷城，致令夏國大兵壓境。兵役已集，康直恐懼，不敢興功，妄以地凍請於　朝廷。役既不成，虜兵乃去。既無將帥靖重之略，而當熙河搖動之秋，臣恐　陛下西顧之憂未可弭也。要須徙置他路，更命熟事老將以領熙河，仍特賜　戒敕，使知　朝廷懷柔遠人不求小利之意。如此而邊患庶幾少息矣。取　進止。

貼黄葉康直頃歲差知秦州中書舍人曾肇諫議大夫鮮于侁皆言康直昨因兵興調發芻糧一路騷然及令兒男掘取窖藏斛㪷貨賣及建言欲由涇原路入界和雇車乘人夫爲知永興軍呂大防所奏有違 詔敕 先帝欲深寘於法康直素事李憲憲營救得免拔其爲人如此今熙河方反側未安而付之此人中外知其不可也

种朴昔因永樂覆師之後父諤權領延安之日與其親戚徐勳矯爲諤奏妄自保明勞效仍邀取諸將賂遺并奏其功 先帝覺其姦詐欲加極典既而釋之並特降官落職停替諤因此憂

盡發病至死狂妄如此若不加貶責臣恐熙河終未寧靖也

如黃巢[illegible]知泰州中[illegible]舍人[illegible]

皆言唐[illegible]一路[illegible]合兒男[illegible]

斛[illegible]欲由[illegible]路入[illegible]和[illegible]車乘入大[illegible]

重臣大防所奏[illegible]邊部[illegible]先帝欲深[illegible]

[illegible]如此[illegible]

欲中外[illegible]不可也

和[illegible]

[illegible]

[illegible]

此接論言事不當劄子後在再論熙河邊事劄子前

再論分別邪正劄子　據諸臣奏議校以小圈別之

臣今月二十二日延和殿進呈劄子論君子小人不可並處朝廷因復口陳其詳以瀆天聽竊覩聖意類不以臣言爲非者然天威咫尺言詞迫遽有所不盡退伏思念若使邪正並進皆得與聞國事此治亂之幾而朝廷所以安危者也臣誤蒙聖恩典司邦憲臣而不言誰當救其失者謹復稽之古今考之聖賢之格言莫不謂親近君子斥遠小人則人主尊榮國家安樂疏外君子進任小人則人主憂辱國家危殆此理之必然而非一人之私言也故孔子論爲邦則曰放鄭聲遠佞人子夏論舜之德則曰舉皐陶則不仁

者遠矣論湯之德則曰舉伊尹則不仁者遠矣諸葛亮戒其君則曰親賢臣遠小人此前漢所以興隆也親小人遠賢臣此後漢所以傾頹也凡典冊所載如此之類不可勝紀至於周易所論尤爲詳密皆以君子在內小人在外爲天地之常理小人在內君子在外爲陰陽之逆節故一陽在下其卦爲復二陽在下其卦爲臨陽雖未盛而居中得地聖人知其有可進之道一陰在下其卦爲姤二陰在下其卦爲遯陰雖未壯而聖人知其有可畏之漸若夫居天地之正得陰陽之和者惟泰而已泰之爲象三陽在內三陰在外君子既得其位可以有爲小人莫居于外安而無怨故聖人名之曰

泰泰之言安也言惟此可以久安也方泰之時若君子能保其位外安小人使無失其所天下之安未有艾也惟恐君子得位因勢陵暴小人使之在外而不安則勢將必至反覆故泰之九三則曰無平不陂無往不復竊惟聖人之戒深切詳盡所以誨人者至矣獨未聞以小人在外憂其不悅而引之於內以自遺患者也故臣前所上劄子亦以謂小人雖決不可任以腹心至於牧守四方奔走庶務各隨所長無所偏廢寵祿恩賜彼此如一無迹可指如此而已若遂引而寘之於內是猶畏盜賊之欲得財而導之於寢室知虎豹之欲食肉而開之以坰牧天下無此理也且君子小人勢

同氷炭同處必爭一爭之後小人必勝君子必敗何者小人貪利忍恥擊之難去君子潔身重義知道之不行必先引退故古語曰一薰一蕕十年尚猶有臭蓋謂此矣昔先皇帝以聰明聖智之資疾積靡之俗將以綱紀四方追迹三代今觀其設意本非漢唐之君所能髣髴也而一時臣佐不能將順聖德造作諸法率皆民所不悅及二聖臨御因民所願取而更之上下欣慰當此之際先朝用事之臣皆布列於朝自知上逆天意下失民心徬徨踧踖若無所措朝廷雖不斥逐其勢亦自不能復留矣尚賴二聖慈仁不加譴責而宥之於外蓋已厚矣今者政令已孚事勢大定而議者惑

於浮說乃欲招而納之與之共事欲以此調停其黨臣謂此人若
返豈肎徒然而已哉必將排擊正人漸復舊事以快私忿人臣被
禍蓋不足言而臣所惜者祖宗朝廷也蓋自熙寧以來小人執柄
二十年矣造立謗讟布滿中外一旦失勢睥睨者多是以創造語
言動搖貴近脅之以禍誘之以利何所不至臣雖不聞其言而槩
可料矣聞者若又不加審察遽以為然豈不過甚矣哉臣聞管仲
治齊奪伯氏駢邑三百飯蔬食沒齒無怨言諸葛亮治蜀廢廖立
李嚴為民徙之邊遠久而不召及亮死二人皆垂泣思亮夫駢立嚴
三人者皆齊蜀之貴臣也管葛之所以能戮其貴臣而使之無怨

者非有它也賞罰必公舉措必當國人皆知其所與之非私而所奪之非怨故雖仇讎莫不歸心耳今臣竊觀朝廷用捨施設之間其不合人心者尚不爲少彼既中懷不悦則其不服固宜今乃直欲招而納之以平其隙臣未見其可也詩曰無競維人四方其訓之陛下誠以異同反覆爲憂惟當久任才性忠良識慮明審之士但得四五人常在要地雖未及皐陶伊尹而不仁之人知自遠矣故臣願陛下斷自聖心不爲流言所惑毋使小人一進後有噬臍之悔則天下幸甚天下幸甚臣既待罪執法若見用人之失理無不言言之不從理不徒止如此則異同之迹益復著明不若陛下

早發英斷使彼此泯然無迹可見之爲善也臣受恩深重輒敢先
事獻言罪合萬死取進止

者非有官也賞罰必公舉措必當國人皆知其所據之非私而所
奪之非怨故雖仇讎莫不歸心五今日觀朝廷用捨施設之間
其不合人心者尚不爲少彼旣中懷不服則其不服固亦人之常
彼招而斜之以干其臣未正也嚮門無叢維入四方並訓

上接再論熙河劄子

論

再論舉臺官劄子

右臣等近准尚書省劄子勘會御史中丞蘇轍侍御史孫升同舉到監察御史貳員內壹員不曾實歷通判不應條壹員與執政官礙親七月八日三省同奏　聖旨令蘇轍孫升同別舉官二員聞奏者檢會元祐三年六月九日尚書省劄子三省同奉　聖旨左右司諫左右正言殿中侍御史監察御史並用升朝官通判資序實歷一年以上人舉官准此臣等竊見後來所用諫官如吳安詩劉唐老司馬康三人並非實歷通判之人緣上件所降　朝旨係

諫官御史並用實歷通判一年即無分別令來人才難得之際若臺官獨拘苛法必至闕官況自立法以來前後本臺及兩制官並不曾舉到實歷通判可用一人以塞明詔足見此法難以久行伏乞特依近用諫官體例於臣等前來所舉人中選擇除用免致言事之官久闕不補於體不便謹錄奏聞伏候　勅旨

三論熙河邊事劄子

臣近論奏范育以措置邊事乖方召還為戶部侍郎賞罰倒置乞行責降仍乞罷种誼种朴本路差遣更擇熙河帥臣使之懷柔異類謹修邊備雖蒙　聖旨罷育戶部而使還領熙河其於邊事一

皆如故臣方以爲憂旋聞質孤勝如二寨近日已爲夏人出兵平蕩臣本儒生不習軍旅妄以人情揆度以爲熙河創於見非守把之地修築城寨理既不直必生邊患言未絕口而夏國之兵旣已破城而歸矣臣謹案二寨雖昔嘗興置至元豐五年並已廢罷與囉兀承樂等城無異今欲復行修築生事致寇理在不疑而熙河諸將意欲侵奪良田收耕穫之利以守蘭州而不顧夏國爭占之害計其所得不補所亡不待臣言事已可驗然臣竊謂夏國所遣坤成使臣適至京師而國中遂敢舉兵攻城略無所忌者意謂築城之役曲在熙河雖　朝廷之重亦必不敢無名苟留其使故也

邊計一失遂爲夷狄所侮可勝歎哉如臣愚見謂宜速擇良帥俾往綏靖一路至如聚糧添屯之類亦必隨事應副以備不虞今育與誼朴猶在本路覦其輕敵無謀貪功晞賞必更妄起事端以蓋前失關陝之憂未可知也況育等欲納趙醇忠謀已宣露爲阿里骨所怨二難交至可無慮乎昔李德裕議討劉稹同列有異議者德裕請曰有如不利臣請以死塞責今中外皆謂守信固盟中國之利若大臣有欲專任育等不顧邊患者臣願　陛下以德裕之請要之若能如此卽用其討事定之日按行賞罰則　朝廷綱紀庶幾尚在　取　進止

貼黃臣竊見　朝廷久不明辨是非必行賞罰故羣臣輕易造事去年議回黃河所費兵夫物料不可勝計功卒不成而議者仍舊在職略無責問臣下習見　朝廷刑政如此故敢輕造邊釁臣乞　陛下以河事爲戒與大臣熟議必令任責不辭然後舉事

三論分別邪正劄子

臣聞聖人之德莫如至誠至誠之功存於不息有能推至誠之心而加以不息之久則天地可動金石可移況於斯人誰則不服臣伏見　太皇太后陛下　皇帝陛下隨時弛張改革弊事因民所

蕩屛去小人天下本無異心羣黨自作浮議近者德音一發衆心渙然正直有依人知所嚮惟　二聖勿移此意則天下誰敢不然衛多君子而亂不生漢用汲黯而叛者寢苟存至誠不息之志自是太平可久之功此實社稷之福天下之幸也然臣以謂昔所柄任其徒實蕃布列中外豈免窺伺若　朝廷施設必當則此輩覬望自消昔田蚡爲相所爲貪鄙則竇嬰灌夫睥睨宮禁僥倖有功諸葛亮治蜀行法廉平則廖立李嚴雖流徙邊郡終身無怨此則保國寧人之要術自古聖賢之所共由者也臣竊見方今天下雖未大治而　祖宗綱紀具在州郡民物粗安若　朝廷大臣正已

平心無生事邀功之意因弊修法為安民靖國之術則人心自定
雖有異黨誰不歸心向者異同反覆之憂蓋亦不足慮矣但患
朝廷舉事類不審詳曩者黃河北流正得水性而水官穿鑿欲導
之使東移下就高汩五行之理及　陛下再遣官吏按視知不可
為猶或固執不從經今累歲回河雖罷減水尚存遂使河朔生靈
財力俱困今者西夏青唐外皆臣順　朝廷招徠之厚惟恐失之
而熙河將吏創築二堡以侵其膏腴議納醇忠以奪其節鉞功未
可覩爭已先形　朝廷雖知其非終不明白處置若遂養成邊隙
關陝豈復安居如此二事則臣所謂宜正已平心無生事邀功之

意者也昔嘉祐以前鄉差衙前民間常有破產之患熙寧以後出
賣坊場以雇衙前民間不復知有衙前之苦及元祐之初務於復
舊一例復差官收坊場之錢民出衙前之費四方驚顧衆議沸騰
尋知不可施又復雇雇法有所未盡但當隨事修完而去年之秋復
行差法雖存雇法先許得差州縣官吏利在起動人戶以差役爲便
差法一行即時差足雇法雖在誰復肯行臣頃奉使契丹道出河
北官吏皆爲臣言豈　朝廷欲將賣坊場錢別作支費耶不然何
故惜此錢而不用殫民力以供官此聲四馳爲損非細又熙寧雇
役之法三等人戶並出役錢上戶以家業高强出錢無藝下戶昔

不充役亦遣出錢故此二等人戶不免咨怨至於中等昔既已自
差役今又出錢不多雇法之行最爲其便及元祐罷行雇法上下
二等欣躍可知惟是中等則反爲害臣請且借畿内爲比則其餘
可知矣畿縣中等之家大率歲出役錢三貫若經十年爲錢三十
貫而已今差役既行諸縣手力最爲輕役農民在官日使百錢最
爲輕費然一歲之用已爲三十六貫二年役滿爲費七十餘貫罷
役而歸寬鄉得閑三年狹鄉不及一歲以此較之則差役五年之
費倍於雇役十年所供職役所出多在中等如此安得民間不以
今法爲害而熙寧爲利乎然　朝廷之法官戶等六色役錢只得

支雇役人不及三年處州役而不及縣役寬剩役錢只得通融隣路隣州而不得通融隣縣人戶願出錢雇人充役者只得自雇而官不爲雇如此之類條目不便者非一故天下皆思雇役而厭差役今五年矣如此二事則臣所謂宜因弊修法爲安民靖國之術者也臣以闇見淺狹不能盡知當今得失然四事不去如臣等輩猶知其非而況於心懷異同志在反覆幸國之失有以藉口者乎臣恐如此四事彼已默識於心多造謗議待時而發以搖撼衆聽矣伏乞 宣諭執政事有失當改之勿疑法或未完修之無倦苟民心既得則異議自消 陛下端拱以享承平大臣逡巡以安富

責海内蒙福上下所同所有衙前差役一事臣方根究詳悉續具

聞奏臣不勝區區冒昧　聖聽伏俟誅譴取　進止

蘇文定公文集卷第四十三

欒城集卷之四十一　終